Wenn Kinder nach Gott fragen

Orientierung für Eltern

ALBERT BIESINGER
EDELTRAUD GAUS
RALF GAUS

Wenn Kinder nach Gott fragen

Orientierung für Eltern

HERDER

FREIBURG · BASEL · WIEN

Inhalt

Teil 3 Warum müssen wir sterben?

Vorwort

Kinder sind offen und wissbegierig und wollen – auch die religiösen – Zusammenhänge der Welt kennen- und verstehen lernen. Sie begreifen vieles intuitiv. Aufgrund ihrer hohen Sensibilität entdecken sie überall Spuren Gottes in der Welt und wollen mehr darüber erfahren. Deshalb konfrontieren sie ihre Eltern mit religiösen Fragen und fordern sie auf diese Weise zugleich heraus, ihre eigene Haltung zu überdenken.

In der christlichen Gottesbeziehung zu leben, ist für Eltern und Kinder von unschätzbarem Wert. Wie eng die Verbundenheit zwischen Gott und Mensch tatsächlich ist, zeigt sich besonders deutlich in der Frage nach der Entstehung der Welt: Alles Leben ist Gottes gute Schöpfung und stellt somit kein (sinnloses) Produkt des Zufalls dar. Die Welt mit Menschen, Tieren und der Natur erweist sich als von Gott gewollt, als gut und sinnvoll. Dies müssen wir uns nicht selbst einreden, sondern das ist uns von Gott zugesagt worden. Wenn es uns gelingt, Kindern diese Grundhaltung zur Welt und zum Leben nahezubringen, können wir sie innerlich befreien und ihnen eine hoffnungs- und vertrauensvolle Lebenseinstellung vermitteln. Die Gewissheit, ein Teil von Gottes Schöpfung zu sein, ruft jedoch nicht nur eine tief empfundene Dankbarkeit hervor, sondern appelliert zugleich auch an unser Verantwortungsgefühl: Die Art des Umgangs mit den Menschen und Tieren als Geschöpfen Gottes und der Natur als unserer Grundlage ist nicht beliebig, sondern soll von Respekt und Wertschätzung getragen sein.

Kinderfragen können zudem einen Anstoß darstellen, über die genauere Gestaltung unserer eigenen Gottesbeziehung nachzudenken. Von besonderer Bedeutung ist in diesem Zusammenhang das Gebet: Wenn Eltern mit ihren Kindern beten, suchen sie in Freude und Leid den Kontakt mit Gott, der Schutz bietet und Begleiter für die Familien ist. Indem sie auf diese Weise das eigene Leben beständig auf Gott ausrichten, bringen sie ihr Vertrauen und ihr tief verwurzeltes Zugehörigkeitsgefühl zum Ausdruck. Diese existenzielle Erfahrung des Verbunden- und Getragenseins erweist sich für Kinder als ebenso beruhigend und entlastend wie für Erwachsene.

Kinder stellen irgendwann auch Fragen nach Leid, Sterben und Tod. Diese Fragen werden von ihrem Umfeld meist als sehr unangenehm empfunden, da die Auseinandersetzung mit jenen Grenzerfahrungen nicht nur mit zahlreichen Ängsten und Unsicherheiten verbunden ist, sondern auch häufig nur zu unbefriedigenden Erklärungen führt. In manchen Familien werden deshalb die kindlichen Fragen nach der Vergänglichkeit des Lebens ausgespart oder sogar »totgeschwiegen«. Wir ermutigen dazu, die Thematik von Tod und Sterben nicht aus dem eigenen Leben auszuklammern, sondern sich zusammen mit den Kindern auch dieser Herausforderung zu stellen – denn gerade in der Beschäftigung mit den »unangenehmen« Bereichen des Daseins kann unser Leben an Substanz und Tiefe gewinnen.

Mit diesem Buch ermutigen wir Sie, sich gemeinsam mit Ihren Kindern auf die Suche zu begeben, um auf diese Weise letztlich auch tragfähige Antworten auf die Fragen nach Gott finden zu können.

Albert Biesinger, Edeltraud und Ralf Gaus

TEIL 1

WARUM HAT GOTT DIE WELT GEMACHT?

Von der Schönheit der Schöpfung
Edeltraud Gaus

Warum hat Gott die Welt gemacht? Warum gibt es verschiedene Tiere? Warum gibt es Mann und Frau? Hat Gott auch den Mond, die Sonne und die Sterne gemacht? Sind die nicht viel zu weit entfernt?

Das wissen wir dazu

Die biblischen Texte, die uns von der Erschaffung der Welt erzählen, sind Glaubensbekenntnisse zu Gott als Schöpfer. Vor mehr als 2000 Jahren entstanden, begleiten sie die Menschen durch die Zeit und sind die Grundlage für eine christliche Perspektive auf die Schöpfung. Eine Perspektive, die Gott als Schöpfer und Urheber der Welt annimmt. Wir nehmen die Welt so, wie sie ist. Wir nehmen sie wahr in ihrer Schönheit und Vielfalt, sind fasziniert darüber, wie der Kreislauf des Lebens zusammenspielt – sei es bei den Jahreszeiten, den Pflanzen, den Tieren oder bei uns Menschen selbst. Alles scheint genial angelegt.

Und wir vermuten und hoffen auch, dass alles seinen Sinn hat, so wie es ist. Denn Schöpfung beinhaltet ja nicht nur Sonnenseiten, sondern auch Grausamkeiten: eine eindrucksvolle Ordnung, aber auch die einschüchternde Gewalt der Natur oder die Freiheit der Menschen, sich für das Gute oder das Schlechte zu entscheiden. Vor dem Hintergrund einer gläubigen Grundhaltung ordnen wir alle diese Aspekte Gott zu, der die Welt und alles Leben ins Dasein gerufen hat und mit der ganzen Schöpfung in besonderer Beziehung steht, egal was geschieht. Es ist ihm also nicht gleichgültig, wie die Zukunft der Schöpfung aussieht. Schließlich erachtet er die Welt als gut und stellt sie unter seinen Segen, das heißt, er möchte, dass es in seinem Sinne weitergeht. Und weil wir annehmen, dass Gott die Welt so geschaffen hat, wie wir sie vorfinden – in ihrer Größe, mit vielen verschiedenen Tieren und Pflanzen, mit Mann und Frau –, hat sie einen Sinn. Von daher ist es angebracht, diese gottgegebene Ordnung als Leben ermöglichende Ordnung anzuerkennen und zu respektieren – auch wenn wir wohl nie ganz ergründen werden, weshalb Gott die Welt geschaffen hat.

Es gibt bis heute viele Zeugnisse von Menschen, die mit Texten und Liedern den Schöpfer loben und für die Welt danken. Einer der bekanntesten Texte ist der Sonnengesang des heiligen Franzi von Assisi (siehe Seite 64f.): Im 13. Jahrhundert hat der Heilige ein umfassendes Loblied auf Gott und die Schöpfung gedichtet, das die Grundhaltung seines Verfassers zum Ausdruck bringt. Franziskus geht es nicht darum, andere Geschöpfe zu »beherrschen«; vielmehr plädiert er für eine grundlegende Achtsamkeit gegenüber jedem Mitgeschöpf. Die Anrede von Menschen, Tieren, Elementen und Planeten als Bruder und Schwester zeigt deutlich, dass Mensch und nichtmenschliche Schöpfung für ihn auf einer Stufe stehen. Staunend und ehrfurchtsvoll besingt er die Schönheiten der Schöpfung und ihre besondere Aufgabe. Er fordert selbst die Elemente Luft, Wasser, Feuer und Erde sowie die Gestirne Sonne und Mond auf, Gott zu loben. In den letzten beiden Strophen preist er Gott für den Menschen, der vergeben, Leid ertragen, Frieden stiften und Heil erlangen kann; und er dankt sogar für den Tod, dem kein Mensch entrinnen kann. Im Sonnengesang kommt deutlich zum Ausdruck, dass sich Gott für den heiligen Franziskus immer und überall in seiner endlosen Güte, Allmacht und Schönheit zeigt, und dass sich diese Eigenschaften in jedem seiner

Geschöpfe wiederfinden. Er drückt dies als Lobpreis und Danksagung aus.

Aus dem Bekenntnis, dass Gott der Schöpfer von Himmel und Erde ist, ergibt sich eine besondere Verantwortung des Menschen für die Schöpfung, die Gott ihm übertragen hat. Davon berichten die Schöpfungserzählungen der Bibel. In der Mitverantwortung für die Schöpfung zeigt sich die Gottebenbildlichkeit des Menschen. Sie gründet bei Franziskus auf dem Gedanken der universalen Geschwisterlichkeit und beinhaltet die Anerkennung einer je eigenen Würde für alles, was Gott geschaffen hat. Auf diese Weise bewertet Franziskus die Natur nicht nach ihrem Nutzwert für den Menschen, sondern nach der von Gott geschenkten Würde. So erhält alles in der Schöpfung eine eigene Bedeutung, einen eigenen Charme, eine eigene Schönheit und letztlich einen je eigenen Wert. Und dieser Wert richtet sich nicht danach, ob etwas für den Menschen brauchbar oder nützlich ist. Jedes noch so einfache Leben hat einen Eigenwert schon aufgrund der Tatsache, dass es da ist und existiert. Der Wert ist ein Geschenk Gottes und somit an keine bestimmte Leistung gebunden: Jedes Leben ist gut, weil es von Gott ins Dasein gerufen wurde.

Das hat mit uns zu tun

Die grundlegenden Fragen von Kindern bis zum Ende der Grundschulzeit sind, warum die Erde erschaffen wurde und woher wir Menschen kommen. »Warum sind wir hier?«, und: »Warum kommen wir auf diese Welt, wenn wir eh wieder sterben müssen?«

Der Begriff Schöpfung beinhaltet die Annahme, dass Gott die Welt erschaffen hat und mit ihr in Beziehung steht. Diese Sichtweise bringt auch die Schöpfungserzählung im Blick auf die Entstehung der Welt, des Lebens, der Menschen, Tiere und Pflanzen und deren Verhältnis zueinander zum Ausdruck. Wir erhalten eine klare Antwort: »Du, Mensch, kommst deswegen in diese Welt, weil Gott es wollte und will, dass du in diese Welt kommst und für diese Welt da bist: für andere Menschen, für die Schöpfung und für Gott als Gegenüber.«

Die Geschichte der Welt ist die Geschichte Gottes mit uns Menschen, aber auch mit den Tieren und Pflanzen. Sie ist eine Liebesgeschichte, und mit jedem Kind, das geboren wird, beginnt sie erneut. Es ist ein großer Unterschied, zu wissen, ob wir ein Zufallstreffer der Natur sind oder ob wir als von vornherein gewollter Mensch angesehen werden, der einen göttlichen Funken in sich trägt.

Die Schöpfung als eine von Gott geschaffene Wirklichkeit zu deuten, vermittelt uns eine tiefgründige Geborgenheit. Es ist eine fundamentale Sinnerfahrung, die Welt unter der Perspektive dieser Liebesgeschichte wahrzunehmen und zu erleben: Von Gott gewollt und von ihm unbedingt angenommen zu sein – mit den eigenen Stärken und Schwächen –, ist eine Erfahrung, die uns Vertrauen in uns selbst, unsere Mitmenschen und in diese Welt schenkt. Und wo sich Menschen im Glauben an einen Urgrund, einen Leben spendenden Gott, halten, da bejahen sie, dass Welt und Mensch nicht sinnlos sind, sondern Anfang und Ziel haben. Sicherlich ist es deshalb auch ein Bedürfnis, Gott dafür zu danken und seine Schöpfung zu loben.

Weil Gott uns diese Welt anvertraut hat und auch, weil sie Lebensraum von uns selbst und vielen weiteren Generationen ist, wollen wir sie bewahren. Indem wir wie Franziskus die ungeheure Vielgestaltigkeit der Schöpfung wahrnehmen, erkunden und wertschätzen, schaffen wir die Grundlage für Verantwortungsgefühl. Bei allem Bemühen um ein gelingendes Miteinander gilt es allerdings anzuerkennen, dass auch Grausames und Schlechtes zur Schöpfung gehört. Aufgrund von dramatischen Umweltproblemen wächst in der heutigen Zeit die Sorge um unsere Erde und unseren Lebensraum. Tornados oder sintflutartige Regenfälle zerstören ganze Landstriche, es gibt Schädlingsplagen und verseuchtes Grundwasser. Wenn wir Gott angesichts dieser Szenarien dennoch dankbar sind und ihn für seine Schöpfung loben, dann tun wir das, indem wir nach Verhaltensänderungen und Lösungen für jene Umweltprobleme suchen, die vom Menschen selbst verursacht werden. Dies ist allerdings nur möglich, wenn wir grundlegend umdenken und auch verantwortlich danach handeln. So verbinden sich Lobpreis und Schöpfungsverantwortung.

Das sollen Kinder verstehen

Wenn es nach einem kalten Winter wieder wärmer und heller wird, wenn die Natur auf geheimnisvolle Weise wieder zu neuem Leben erwacht, ist das wie ein Wunder. Auch wir Menschen leben wieder auf, genießen die Sonne mit ihrem Licht und ihrer Wärme, sind froh über Aktivitäten und Bewegung an der frischen Luft, die allen gut tun. In der Tier- und Pflanzenwelt können wir beobachten, wie Gras und Bäume wieder grün werden, wir hören die Vögel wieder zwitschern und sehen die Enten ihre

Jungen hinter sich herlocken. Neues Leben wächst heran, und diese Wahrnehmung führt zum Staunen. Staunen bedeutet, dass wir still werden und im Sehen oder Spüren verweilen können. Auf diese Weise können wir die Natur als Geschenk Gottes achtsam wahrnehmen. Indem wir staunend das erfassen, was Gott uns geschenkt hat, werden wir dankbar für seine Schöpfung. Kinder sollen immer wieder die Gelegenheit haben, die Natur wahrzunehmen und zu erfahren. Im Regenbogen nach dem Gewitter, in einem farbigen Schmetterling oder der Feinheit eines Spinnennetzes im Tau spüren Kinder, dass das alles großartig ausgedacht und geschaffen ist. Über die Schönheit der Welt und darüber, dass Gott sie für uns Menschen gemacht und uns anvertraut hat, können wir mit unseren Kindern ins Gespräch kommen, damit sie die Schöpfung als wertvoll und schützenswert erkennen können. Wir vermitteln ihnen auf diese Weise auch eine grundsätzliche Haltung der Freude über die Welt, deren Vielfalt sich im Schönen und Grausamen zeigt.

Das können wir miteinander tun

Wachstum bestaunen – Erntedank feiern

Zusammen mit Kindern wird eine Pflanze eingepflanzt oder gesät. Beispielsweise gehen Eltern und Kinder gemeinsam los, um Kressesamen zu kaufen. Zur Saat wird ein kleines, flaches Behältnis benötigt, in das eine saugfähige Unterlage gelegt wird; gut geeignet sind Watte oder Zellstoff. Alle sitzen am Tisch und ein Kind streut die Samenkörner vorsichtig auf die saugfähige Unterlage.

Ein anderes Kind gießt anschließend Wasser darüber, sodass die Samen gut durchfeuchtet werden. Gemeinsam wird besprochen, was nötig ist, damit die Kresse gedeihen kann, etwa Sonnenlicht und regelmäßiges Gießen. Jeder übernimmt eine Aufgabe, damit es der Kresse gut geht, und regelmäßig schaut man gemeinsam nach und staunt, wie die Pflanzen wachsen. Dazu kann ein sogenanntes Bildertagebuch geführt werden: In regelmäßigem Abstand werden Fotos gemacht; überdies wird schriftlich dokumentiert, wie sich die Samen entwickeln. Irgendwann haben die Samen ihre Blätter und Stängel vollständig entfaltet, und die Kresse ist erntereif. Gemeinsam wird nun die Kresse geerntet, indem ein Kind mit der Schere die Stängel vorsichtig abschneidet. Die Kresse wird gewaschen und einem Salat oder Eiern beigegeben. Vor dem Verzehr wird noch innegehalten: Es kann ein Gespräch darüber stattfinden, was jeden Einzelnen am Wachstumsprozess der Samen beeindruckt hat. Das Bildertagebuch kann herangezogen werden, um das Vorher mit dem Nachher zu vergleichen. Jemand spricht: »Herr, wir danken dir, dass wir auf der Erde leben, die du so wunderbar gestaltet hast. Wir danken dir, für die vielen Gaben, die du wachsen lässt und uns zur Nahrung gibst. Wir danken dir, dass du für uns sorgst.« Dann wird die Kresse gemeinsam verzehrt.

Mit Kindern staunen – Eine Schneckenmeditation

Gemeinsam mit Kindern kann ein Spaziergang in der Natur unternommen werden, bei dem man Ausschau nach leeren Schneckenhäusern hält. Jedes Kind darf ein Schneckenhaus mitnehmen.

Zuhause angekommen, sollten für die Meditation etwa 30 Minuten eingeplant werden. Jeder setzt sich mit seinem Schneckenhaus bequem im Raum hin oder legt sich auf eine Decke. Man spricht ganz ruhig und nicht zu laut: »Jetzt nehmen wir uns die Zeit, einmal zu spüren, wie es uns gerade geht. Wir nehmen bewusst wahr, wo wir sitzen. Wo habe ich Kontakt zum Boden? Kann ich in dieser Position gut atmen? Ich kann meine Augen schließen und ruhig werden. Ich achte auf meinen Atem, wie ich einatme und ausatme. In meiner Hand liegt das Schneckenhaus. Ich umfasse es, spüre die Rundungen und betaste vorsichtig die Oberfläche. – *Pause*

»Nun kann ich die Augen wieder öffnen. Wir bleiben ruhig und unser Blick fällt auf unser Schneckenhaus. Welche Form hat es? Welche Linien sind erkennbar? In welche Richtung windet sich das Schneckenhaus? Welche Farbe hat es?« – *Pause*

»Nun hat jeder sein Schneckenhaus ganz genau angeschaut und vielleicht Dinge entdeckt, die man so noch gar nicht gesehen hat. Wer mag, kann jetzt sein Schneckenhaus den anderen Kindern vorstellen. Welche Farbe hat es, gibt es eine besondere Stelle, eine bestimmte Musterung? Was gefällt euch besonders?«

Die Kinder stellen sich nach und nach gegenseitig ihr Schneckenhaus vor. Im Anschluss an die Runde kann das folgende Gebet gesprochen werden:

»Unsere Welt ist schön. Die großen Dinge, wie auch die kleinen Dinge. Gott hat diese Welt gemacht, und all ihren Geschöpfen, all ihren Pflanzen, Tieren und Menschen seine Schönheit geschenkt. Wir danken für all das Schöne, was du uns schenkst. Segne du uns, guter Gott, und lass uns immer begleitet sein von deiner Nähe. Amen.«

Zum Abschluss: Lied »Laudato si« (siehe unten)

Sich gegenseitig den Segen Gottes zusprechen

Benötigt wird ein kleines Schälchen mit Hautöl. Zu einem bestimmten Zeitpunkt, am Abend, am Geburtstag oder vor einer Reise können sich Eltern und Kinder gegenseitig segnen, indem sie den anderen mit Öl ein Kreuz auf die Stirn zeichnen und sprechen: Du bist von Gott gewollt und ganz wunderbar geschaffen.

Verantwortung für die Schöpfung übernehmen

Die Familie überlegt sich, wo sie in ihrem Umfeld Verantwortung für die Schöpfung übernehmen kann: Sparsamer mit den Energiequellen und achtsam mit Nahrungsmitteln umgehen, unbedachtes Autofahren und unnötige Verpackungen vermeiden, Müll sortieren. Anschließend wird ein Plan gemacht, wer wofür verantwortlich ist und was wann umgesetzt werden soll.

Zum Abschluss kann das Lied »Laudato si« gesungen werden – eine Vertonung des Sonnengesangs von Franz von Assisi.

Lied: Der Sonnengesang

2. Sei gepriesen für Licht und Dunkelheiten! Sei gepriesen für Nächte und für Tage! Sei gepriesen für Jahre und Sekunden! Sei gepriesen, denn du bist wunderbar, Herr!

3. Sei gepriesen für Wolken, Wind und Regen! Sei gepriesen, du lässt die Quellen springen! Sei gepriesen, du lässt die Felder reifen! Sei gepriesen, denn du bist wunderbar, Herr!

4. Sei gepriesen für deine hohen Berge! Sei gepriesen für Fels und Wald und Täler! Sei gepriesen für deiner Bäume Schatten! Sei gepriesen, denn du bist wunderbar, Herr!

5. Sei gepriesen, du lässt die Vögel kreisen! Sei gepriesen, wenn sie am Morgen singen! Sei gepriesen für alle deine Tiere! Sei gepriesen, denn du bist wunderbar, Herr!

6. Sei gepriesen, denn du, Herr, schufst den Menschen! Sei gepriesen, er ist dein Bild der Liebe! Sei gepriesen für jedes Volk der Erde! Sei gepriesen, denn du bist wunderbar, Herr!

7. Sei gepriesen, du selbst bist Mensch geworden! Sei gepriesen für Jesus unsern Bruder! Sei gepriesen, wir tragen deinen Namen! Sei gepriesen, denn du bist wunderbar, Herr!

8. Sei gepriesen, er hat zu uns gesprochen! Sei gepriesen, er ist für uns gestorben! Sei gepriesen, er ist vom Tod erstanden! Sei gepriesen, denn du bist wunderbar, Herr!

9. Sei gepriesen, o Herr, für Tod und Leben! Sei gepriesen, du öffnest uns die Zukunft! Sei gepriesen, in Ewigkeit gepriesen! Sei gepriesen, denn du bist wunderbar, Herr!

(Kehrvers: Sonnengesang des hl. Franziskus von Assisi, Text: Winfried Pilz / Melodie: mündlich überliefert aus Italien)

Schlussimpuls für Eltern

Wir haben eine Verantwortung vor Gott. Der Indianerhäuptling Seattle machte dies in seiner Rede vor dem Präsidenten der Vereinigten Staaten von Amerika im Januar 1855 deutlich. Hier ein Ausschnitt:

> Wenn wir euch unser Land verkaufen, liebt es, so wie wir es liebten, kümmert euch, so wie wir uns um es kümmerten, behaltet die Erinnerung an das Land, so wie es ist, wenn ihr es nehmt. Und mit all eurer Stärke, eurem Geist, eurem Herzen, erhaltet es für eure Kinder und liebt es – so wie Gott uns alle liebt … Denn eines wissen wir – unser Gott ist derselbe Gott. Diese Erde ist ihm heilig. Und selbst der weiße Mann kann der gemeinsamen Bestimmung nicht entgehen. Vielleicht sind wir doch – Brüder. Wir werden sehen.

Von der Erschaffung des Menschen

Edeltraud Gaus

Was heißt »Wir sind Gottes Ebenbild?« Sehen wir aus wie Gott? Hat Gott uns alle allein geschaffen? Woher komme ich? Warum gibt es so viele Menschen auf der Erde?

Das wissen wir dazu

Wir Menschen leben nicht zufällig auf der Erde. Gott hat uns gewollt, jeden Einzelnen von uns. Wir Menschen sind kein Zufallsprodukt, das irgendwie nebenbei entstanden ist. Die Bibel beschreibt, dass Gott den Menschen am sechsten Tag erschaffen hat, nachdem er an fünf Tagen Himmel und Erde hervorgebracht und mit herrlichen Werken ausgeschmückt hatte:

> Dann sprach Gott: Lasst uns Menschen machen als unser Abbild, uns ähnlich. Sie sollen herrschen über die Fische des Meeres, über die Vögel des Himmels, über das Vieh, über die ganze Erde und über alle Kriechtiere auf dem Land. Gott schuf also den Menschen als sein Abbild; als Abbild Gottes schuf er ihn. Als Mann und Frau schuf er sie. Gott segnete sie und Gott sprach zu ihnen: Seid fruchtbar und vermehrt euch, bevölkert die Erde, unterwerft sie euch und herrscht über die Fische des Meeres, über die Vögel des Himmels und über alle Tiere, die sich auf dem Land regen (Gen 1,26–28).

Gott und Mensch stehen also in einer besonderen Beziehung zueinander. Gott ist derjenige, der beschließt, den Menschen zu schaffen. Dies tut er wohlüberlegt und ruhig. Den Abschluss seines Schöpfungshandelns bildet der

Mensch. Danach folgt im Schöpfungsbericht nur noch der siebte Tag, der Sabbat, an dem Gott ruht und sein Werk betrachtet.

Folglich kommt dem Menschen eine besondere Stellung zu: Er erhält den Auftrag, über die Schöpfung zu »herrschen«. Gott hat ihn als sein Bild erschaffen, der Mensch ist Gott ähnlich. Sicherlich bedeutet das nicht, dass er aussieht wie Gott oder zu einem solchen erhoben wird. Als »Bild Gottes« wird der Mensch vielmehr an Gott herangerückt. Es drückt aus, dass der Mensch als Geschöpf mehr ist als die übrige Schöpfung, also auch mehr als Pflanzen und Tiere.

Der Begriff »Abbild Gottes« hat in der Geschichte eine lange Tradition. Um diese Formulierung zu erklären, hilft es, die altorientalischen Kulturen näher zu betrachten, die den Hintergrund für die Rede von der Gottebenbildlichkeit in der Bibel bilden. Das Abbild Gottes war zum einen das Kultbild, das im Allerheiligsten eines Tempels aufgestellt wurde. In diesem Götterbild war für die Menschen damals die Gottheit auf Erden anwesend. Indem das Bild verehrt wurde, empfing es die Ehre, die der Gottheit selbst zustand. Das Bild repräsentierte Gottes Leben und Macht. Abbild Gottes zu sein bedeutet in diesem Sinne, dass das Bild an sich Gott in Erscheinung treten lässt, dass Gott auch dort erscheint, wo der Mensch erscheint. Dementsprechend ist das biblische »Abbild« so zu verstehen, dass der Mensch – als Bild des Schöpfers – Repräsentant, Verwalter und Vermittler des Lebens auf der Erde sein soll.

Zum anderen wurde in altorientalischen Kulturen auch der König als Abbild Gottes bezeichnet. Damit wurde er gegenüber allen anderen Menschen herausgehoben und von ihnen unterschieden. Jeder Mensch ist von Gott gewollt und geliebt, wie auch die ihn umgebende belebte und unbelebte Natur. Der Mensch ist jedoch nicht einfach nur Teil dieser Welt, sondern sticht durch seine besondere Beziehung zu Gott hervor. Das wird durch den Auftrag, für die Schöpfung Sorge zu tragen, noch einmal verstärkt.

Gott hat den Menschen innerhalb der Schöpfung zu etwas Besonderem gemacht, zum Vermittler und Verwalter des Lebens auf der Erde. Damit erhält der Mensch seine Würde und die Möglichkeit, nicht nur leben zu dürfen, sondern seinen Lebensraum auch zu gestalten. Er erhält von Gott die Aufgabe, zu »herrschen über die Fische des Meeres, über die Vögel des Himmels und über alle Tiere, die sich auf dem Land regen« (Gen 1,28). Der Mensch darf also die Welt zu seinem Wohlergehen nutzen, weil Gott sie ihm anvertraut hat.

Aber die Schöpfung ist immer noch Gottes Eigentum! Die Menschen sind lediglich diejenigen, die die Schöpfung nutzen können. Dies stellt keinen Freibrief dar, sich über die anderen Geschöpfe zu erheben und die Erde nur zum eigenen Vorteil zu beherrschen. Will der Mensch Gottes Auftrag erfüllen, dann ist mit »nutzen« nicht »ausnutzen« oder gar »ausbeuten« gemeint, sondern vielmehr ein Weiterführen dessen, was der Schöpfer für die Welt getan hat. Der Mensch soll für die Schöpfung Sorge tragen, die Welt also hüten, pflegen und wohnlich machen. Und damit bedeutet der Begriff »herrschen« so viel wie »Macht haben, zu ordnen und zu verändern«, »Verantwortung haben, zu schützen und zu bewahren« oder »zur Menschlichkeit verpflichtet sein«. Das ist kein einfacher Auftrag, aber wir können darauf hoffen, dass er unter Gottes Segen steht.

Trotz seiner herausragenden Stellung innerhalb der Schöpfung ist der Mensch seinerseits auch auf die Schöpfung angewiesen und von ihr abhängig. Er braucht sie zum Leben, sie spendet ihm Luft und Nahrung. Somit ist es fatal, wenn der Mensch aus seiner Sonderstellung heraus meint, er könne sich alles erlauben, da er auf diese Weise seinen Auftrag missbraucht. Wie die gesamte Schöpfung an sich ist auch er auf Gott ausgerichtet. Gott ist der Mittelpunkt der Schöpfung. Darin liegt der Unterschied zwischen dem religiösen Begriff der »Schöpfung« und den Begriffen »Umwelt« oder »Natur«: In der Schöpfung steht Gott in der Mitte; wenn man dagegen von der »Umwelt« spricht, stellt sich der Mensch selbst ins Zentrum und betrachtet alles außerhalb seiner selbst als »Natur«.

Der Mensch wird von Gott am sechsten Tag als Mann und Frau geschaffen. Beide sind Abbild Gottes. Und was über die Gottebenbildlichkeit gesagt wird, trifft auf beide zu. Der Mensch kann als Frau und Mann seine Bestimmung erfüllen und neben der Sorge für die Bewahrung seiner Lebensgrundlagen Gottes schöpferisches Wirken weiterführen, indem er Nachkommen zeugt. Die Gleichheit von Mann und Frau kann letztlich als Schutz der Schwachen vor den Starken verstanden werden. Der Schöpfungsbericht sagt uns, dass niemand dazu berechtigt ist, sich über andere zu erheben und sie zu unterdrücken.

An dieser Stelle wird sehr gut erkennbar, worin die Absicht der Schöpfungserzählung besteht. Sie ist aus dem Glauben des Volkes Israels entstanden. Die Menschen machten damals unterschiedliche Erfahrungen und begannen darüber nachzudenken, wer denn Gott eigentlich ist und in welcher Beziehung er zur Welt und zu den Menschen steht. Die Schöpfungserzählung will deutlich machen, dass Gott nicht irgendeiner von vielen Göttern ist, sondern dass er der einzige Gott und der Schöpfer des

Alls ist. Die Erde ist sein gutes Werk, und der Mensch ist nach seinem Bilde geschaffen. Der siebte Tag soll ein Ruhetag sein. Die Bibel erzählt von Gott als demjenigen, der das Chaos beseitigt und der Erde und den Menschen eine Ordnung schenkt, in der Leben gedeihen kann. Der Mensch nimmt innerhalb der Schöpfung eine besondere Stellung ein und trägt Verantwortung für die anderen Geschöpfe sowie deren Lebensraum. Außerdem soll er das Schöpfungswerk Gottes weiterführen durch die Zeugung von Nachkommen. Jedem Tier, jeder Pflanze und jedem Menschen, aber auch dem Himmel, dem Wasser und dem Festland, den Sternen, dem Mond und der Sonne, dem Tag und der Nacht hat Gott also einen Platz zugewiesen – eine Ordnung, die gut ist für jedes Leben, für ein gelingendes Zusammenleben.

Das hat mit uns zu tun

Wir Menschen leben auf der Welt mit unterschiedlichen Vorstellungen, Träumen und Wünschen. Mal mehr, mal weniger glücklich und zufrieden. Vieles gelingt uns, aber neben den Chancen, die wir haben und nutzen, gibt es Gefahren, Leid, Hass und Schmerzen. Und immer wieder gibt es im Leben Momente, die in uns die Frage nach dem Sinn der eigenen Existenz aufwerfen.

Der christliche Glaube bietet auf diese Frage eine Antwort: Wir Menschen sind von Gott gewollt. Er schenkt uns das Leben. Er hat uns geschaffen und freut sich an uns. Gott hat uns aber nicht nur ins Leben gerufen (Jes 43), sondern lässt die Verbindung mit uns auch weiterhin nicht abreißen. Gerade in Krisenzeiten kann es helfen, wenn wir uns deutlich machen, dass es jemanden gibt, auf den der Ursprung des eigenen Lebens zurückgeht und der will, dass wir leben. Das kann ermutigen und Kraft spenden. Weil Gott mit jedem Menschen in Beziehung steht, erhält der Mensch seine Würde. Die Bibel bringt dies zum Ausdruck in der Erschaffung des Menschen als Ebenbild, als Abbild Gottes, das seinem Schöpfer ähnlich ist. In diesem Sinne ist Menschsein als Leben in Beziehung zu verstehen: Das fortdauernde Bezogensein auf Gott verleiht dem Menschen die Fähigkeit, in Kontakt mit sich selbst und mit anderen zu treten, in Gemeinschaft zu leben und all diese Verbindungen frei zu gestalten und für sie Verantwortung zu tragen.

Weil der Mensch mit Gott und mit anderen Menschen in Beziehung steht, kann und soll er das auch mit der nichtmenschlichen Schöpfung tun. Gott beauftragt den Menschen, Verantwortung für die Erde und für die Tiere zu übernehmen – eine Berufung in die Mitverantwortlichkeit für die Erhaltung und das Wohlergehen seiner Schöpfung. Darunter ist wohl im Wesentlichen die Erhaltung des Lebensraums für nachfolgende Generationen zu verstehen. Wir sind aufgefordert, verantwortungsvoll und umsichtig mit Ressourcen umzugehen und die Erde nicht auszubeuten. Zur Erhaltung des Lebensraums gehört ebenso, Müll zu beseitigen oder diesen gleich zu vermeiden. Auch bei der Produktion und beim Konsum von Nahrungsmitteln ist ein überlegtes Handeln wichtig. Wir können uns fragen, wie Lebensmittel artgerecht produziert werden können, wo ein schonender Umgang in der Produktion stattfindet und was wir tatsächlich zum Leben brauchen. Nicht alles, was der Markt bietet, ist auch notwendig.

Bei aller Gestaltungsfreiheit, die der Mensch in der Welt hat, gibt es immer auch Grenzen: Er sollte stets das

Wohl des Ganzen im Blick haben. Dabei ist an die ungerechte Verteilung von Gütern zu denken oder an Menschen, die in Unfreiheit leben, weil andere sich über sie erheben. Gott hat allen Menschen eine Würde verliehen und sie gleich geschaffen. Zu unserem Auftrag gehört ebenso, zu überlegen, wie wir auch im Kleinen Verantwortung für das große Ganze, die Erde, übernehmen können.

Das sollen Kinder verstehen

Kinder beschäftigt immer wieder die Frage, woher sie kommen: »Wo war ich, bevor ich bei dir war, Papa?« Das Leben und die Welt sind Gottes Geschenk an uns. Er hat den Menschen das Leben gegeben, und die Menschen geben es untereinander weiter. So ist jedes einzelne Kind durch die Liebe von Mutter und Vater entstanden. Weil die Menschen von Gott die Möglichkeit dazu erhalten haben, können wir sagen, dass Gott uns schon ganz lange »beim Namen gerufen« (Jes 43,1) hat. Er wollte, dass wir leben. Dadurch verleiht Gott jedem einzelnen Menschen eine Würde, die niemals verlorengeht und die sich ohne jede Einschränkung auf alle Menschen bezieht – ob gesund oder behindert, ob groß oder klein, egal welche Nationalität und Hautfarbe sie haben oder welcher Religion oder Kultur sie angehören. Weil Gott uns ins Leben gerufen hat und uns liebt, können wir handeln. Wir haben eine Verantwortung für uns selbst und für unsere Mitmenschen. Im Umgang mit anderen Menschen heißt das, dass wir ihnen respektvoll und rücksichtsvoll begegnen und sie mit ihren Wünschen und ihrem Denken ernst nehmen müssen. Zudem können wir Gott sehr dankbar sein, dass wir in Gemeinschaft mit anderen Menschen leben dürfen. Denn allein würde uns vieles gar nicht gelingen – nicht zuletzt das Leben.

Das können wir miteinander tun

Eine Figur aus Ton formen

Um das Abenteuer Schöpfung im Kleinen zu erleben, kann mit Kindern eine kleine (Menschen-)Figur geformt werden. Wer möchte, kann dies auch mit verbundenen Augen tun.

Man braucht dazu: eine Stange Ton (Bastelladen oder Töpferei), unmittelbar vor dem Formen mit Draht in Portionen geschnitten; eine feste Plastikplane; evtl. Tücher zum Verbinden der Augen; einige kleine Schalen mit Wasser und alte Handtücher für die Hände; kleine Pappstreifen und Stifte für die Namensgebung am Schluss; evtl. CD mit ruhiger, freundlicher Musik (z. B. Vivaldi, Vier Jahreszeiten); kleines Glöckchen.

Beim Tonen geht es nicht darum, dass besonders schöne und komplette Figuren entstehen, sondern vielmehr darum, den Zauber des Schaffens und Formens zu erleben. Es ist weniger schwierig, als man denkt, die Form der menschlichen Figur nur nach Tastsinn zu modellieren. Wenn die Augenbinde nach dem Tonen abgenommen wird, ist es wichtig, abwertende Kommentare, die vielleicht von anderen Kindern kommen, abzuwenden, etwa durch eine andere Sichtweise. Ein freundlicher Humor ist hilfreich, aber es sollte nichts der Lächerlichkeit preisgegeben werden. Bei kleinen Kindern kann es sinnvoll sein, ihnen freizustellen, ob sie eine menschliche Figur oder ein (Fantasie-)Tier formen wollen.

Durchführung:

- Alle sitzen auf dem Boden; in der Mitte liegt eine Bahn kräftige Plastikfolie wie eine lange Tafel. Darauf stehen einige Schalen mit Wasser und einige Tücher zum Trocknen der Hände.
- Jedes Kind bekommt nun eine Portion Ton. Es soll im Stillen gearbeitet werden. Die Figur am besten aus dem gesamten Ton entstehen lassen. Leise Musik hilft, eine entspannte und ruhige Atmosphäre zu schaffen.
- Wer seine Figur fertig hat, legt sie vor sich hin. Nach ca. 15 Minuten erklingt eine kleine Glocke und es kommt die sanfte Aufforderung, zum Abschluss zu kommen. Wer nicht fertig ist und noch weitermachen möchte, kann dies tun.
- Wenn alle fertig sind, wendet sich jeder zuerst der eigenen Figur zu, kann noch ein paar Stellen glätten und verstreichen. Jeder darf nun auch einen Namen für die Figur finden.
- Dann betrachten alle gemeinsam die Figuren. Jeder kann beschreiben, was er bei den anderen Figuren sieht. Sie können mit den Kindern ins Gespräch kommen über besondere Auffälligkeiten, wie z. B. besonders lang geratene Beine, und können fragen, welche Gabe dahintersteckt. Irgendwie hat ja jeder Mensch eine Macke, und dahinter steht oft eine spezielle Gabe.
- Abschließend kann man sich noch über den Vorgang des »Figurformens« austauschen. Dann werden die Figuren zum Trocknen zur Seite gelegt.

Umweltdetektive bewahren die Schöpfung

Kinder begeben sich auf Entdeckungsreise unter dem Fokus »Bewahrung der Schöpfung«. Sie tauschen sich mit den Kindern über Umweltthemen wie Energiesparen, Mülltrennung, Umgang mit Wasser usw. aus, klären dazu Fragen und geben ihnen Informationen zu diesen Themen. Dann können die Kinder als »Umweltdetektive« im Kindergarten, in der Schule oder der Wohnung auf die Suche nach Energiefressern oder leichtsinnigem Verbrauch von Wasser gehen. Im Anschluss daran können die Beobachtungen gesammelt werden. Gemeinsam wird überlegt, was getan werden muss, damit in unserem Lebensraum die Umwelt geschützt wird.

Lied: Kindermutmachlied

2. Wenn einer sagt: »Ich brauch dich, du: Ich schaff es nicht allein«, dann kribbelt es in meinem Bauch, ich fühl mich nicht mehr klein.

3. Wenn einer sagt: »Komm, geht mit mir; zusammen sind wir was!«, dann werd ich rot, weil ich mich freu. Dann macht das Leben Spaß.

4. Gott sagt zu dir: »Ich hab dich lieb. Ich wär so gern dein Freund! Und das, was du allein nicht schaffst, das schaffen wir vereint.«

(Text und Melodie: Andreas Ebert © SCM Hänssler, 71087 Holzgerlingen 1979)

Schlussimpuls für Eltern

Psalm 8

Herr, unser Herrscher,
wie gewaltig ist dein Name auf der ganzen Erde;
über den Himmel breitest du deine Hoheit aus.
Aus dem Mund der Kinder und Säuglinge schaffst du
dir Lob,
deinen Gegnern zum Trotz;
deine Feinde und Widersacher müssen verstummen.
Seh ich den Himmel, das Werk deiner Finger,
Mond und Sterne, die du befestigt:
Was ist der Mensch, dass du an ihn denkst,
des Menschen Kind, dass du dich seiner annimmst?
Du hast ihn nur wenig geringer gemacht als Gott,
hast ihn mit Herrlichkeit und Ehre gekrönt.
Du hast ihn als Herrscher eingesetzt über das Werk
deiner Hände,
hast ihm alles zu Füßen gelegt:
All die Schafe, Ziegen und Rinder
und auch die wilden Tiere,
die Vögel des Himmels und die Fische im Meer,
alles, was auf den Pfaden der Meere dahinzieht.
Herr, unser Herrscher,
wie gewaltig ist dein Name auf der ganzen Erde!

Von
den Tieren
in Gottes
Schöpfung
Ralf Gaus

Kommen Tiere in den Himmel? Wofür sind Tiere eigentlich da? Glauben Tiere auch an Gott? Die sind doch gar nicht getauft! Beten sie auch einmal?

Das wissen wir dazu

Tiere üben auf Kinder einen besonderen Reiz aus. Ob die Katze auf der Straße oder der Hund im Bilderbuch – Kinder freuen sich, wenn sie Tiere sehen und kommentieren dies entsprechend mit Lachen oder »Wauwau«. Tiere gehören zum Leben dazu. Kinder freuen sich über sie und nehmen sie als Mitgeschöpfe wahr. Das ist jedoch nicht immer so, und auch in der Theologie wird nur sehr wenig über Tiere nachgedacht. Man gewinnt fast den Eindruck, dass sie keine Bedeutung haben.

Der Blick in die Bibel zeigt jedoch etwas anderes. Tiere kommen hier fast überall vor. Die Freude über die Existenz von Tieren, wie sie bei Kindern zum Ausdruck kommt, zeigt sich auch in der Bibel. Denn Tier und Religion, Tier und Mensch, gehören für die Bibel und für das Volk Israel grundlegend zusammen. Schon in beiden Schöpfungserzählungen wird die enge Beziehung zwischen Tieren und Menschen thematisiert. Beide sind sie Geschöpfe Gottes, beide sind sie aus demselben Erdboden gebildet, beide durchfließt Blut, das als Lebenssubstanz verstanden wird (Gen 9,4), beide teilen das Schicksal des Todes (Koh 3,19). Daher stehen Tier und Mensch in einer besonders engen Beziehung zueinander (Gen 2,18–20). Dies wird noch heute in vielen jüdischen Namen zum Ausdruck gebracht – z. B. werden Tiernamen (Jona = Taube, Debora = Biene, Rahel = Mutterschaf, Zippora = Vogel) als Namen für Menschen verwendet. Manche veranschaulichen auf diese Weise ihre Verbundenheit mit den Tieren.

Auch Franz von Assisi hatte eine enge Beziehung zu Tieren. Er redete sie als »Bruder« und »Schwester« an und predigte ihnen entsprechend dem Auftrag in Markus 16,15 (»Geht hinaus in die ganze Welt, und verkündet das Evangelium allen Geschöpfen!«) das Wort Gottes. Die Legende vom Wolf von Gubbio, in der Franziskus zwischen dem gefährlichen Wolf und den Stadtbewohnern Frieden stiftet, symbolisiert diese tiefe Bindung und macht den Heiligen zum Patron des Umweltschutzes.

Aber nicht nur zwischen Mensch und Tier besteht ein enges Verhältnis, sondern auch zwischen Gott und den Tieren. Ihnen gilt selbstverständlich auch die Liebe und Treue Gottes. So beschreibt schon die Schöpfungserzählung in Genesis 1 die unmittelbare und unerschütterliche Beziehung Gottes zu Menschen *und* Tieren. Gott schenkt beiden das Leben und gesteht den Tieren ihr zweckfreies Leben zu (vgl. dazu ebenfalls Mt 6,25–34). Daher rettet Gott Menschen und Tiere gleichermaßen vor der Sintflut und geht mit beiden einen Bund ein (Gen 9,8–17). Tiere sind genauso wie Menschen Bundesgenossen und sind somit aufgehoben in Gottes immerwährender Treue und Liebe zu seiner Schöpfung. Folglich sind im Alten Testament Tiere mit in das Sabbatgebot einbezogen. Vor diesem Hintergrund wird zudem verständlich, dass auch für Nutztiere Ruhezeiten und Pausen im »Arbeitsleben« festgeschrieben sind.

Diese enge Beziehung zwischen Gott und den Tieren wird auch noch dadurch deutlich, dass Letztere im Gegensatz zu den Menschen das Paradies, also den Bereich Gottes, nie verlassen haben. Die Tiere sind in der unmittelbaren Nähe zu Gott. Sie kennen daher ihren Schöpfer und sind für seine Botschaft empfänglich – ein Gedanke, der für uns heute befremdlich klingt, da der moderne Mensch doch davon ausgeht, dass nur er aufgrund seiner Vernunft zur Gotteserkenntnis fähig sei. Eine solche Unterscheidung kennt das Alte Israel jedoch nicht. Es erzählt vielmehr von Tieren, die Gott sehr wohl erkannten. Auf diese Weise erklärt sich auch, dass der Esel Bileams den Engel, der sich ihm und seinem Herrn in den Weg stellt und Bileam töten will, wahrnimmt und so das Leben seines Herrn rettet (Num 22,22–34); die besonderen Fähigkeiten der Tiere offenbaren sich beispielsweise auch darin, dass die Kühe den Wagen mit der Lade nach Bet-Schemech zurückbringen (1 Sam 6,7–12) oder auch darin, dass alle Tiere mit in den Lobpreis Gottes einstimmen können (Ps 148,7–10).

Die Bibel spricht Tieren somit eine grundlegende Würde zu. Dieses Denken und die damit verbundene Haltung veränderten sich tatsächlich erst grundlegend, als Philosophen wie etwa Locke, Bacon oder Descartes den Menschen als überlegenes Wesen deuteten. Dem Menschen wurde aufgrund seiner Vernunft bzw. Vernunftfähigkeit Würde zugesprochen. Und bezüglich bestimmter Sachverhalte ist dies heute zum fast ausschließlichen Kriterium für »lebenswert« und »wertvoll« geworden.

Demgegenüber hatte der Philosoph und Theologe Nikolaus von Kues (1401–1464) den erschaffenden Beziehungsaspekt Gottes mit seiner Schöpfung betont: »Ich bin, weil Du (Gott) mich anblickst.« Die Schöpfung verdankt also ihr Sein und ihre Würde nicht der Vernunft, sondern dem göttlichen Schauen, der göttlichen Beziehung.

In diesem Sinne ist auch der Herrschaftsauftrag in Genesis 1,28 zu verstehen. Durch seine Vernunft übernimmt der Mensch zwar in der Welt und im Verhältnis zu den Tieren eine besondere Aufgabe. Er ist als Einziger neben Gott fähig, diese Welt, die Gottes Schöpfung und nicht Menschenwerk ist, zu gestalten. Somit hat der Mensch in der Bewahrung des Lebens eine besondere Verantwortung inne, und Gott kann ihm den Herrschaftsauftrag übertragen. Nicht, um zu zerstören und nur nach seinem menschlichen Willen zu handeln, sondern um gegen Gewalt vorzugehen und für Frieden in der Schöpfung zu sorgen. Im Schöpfungsbericht reicht der Respekt vor der Würde des Tieres sogar bis hin zu einer fleischlosen Ernährungsweise von Tieren und Menschen (Gen 1,30). Nicht einmal zum Nahrungserwerb soll es in Gottes Welt ein Töten und damit Gewalt geben. Dieser friedliche, paradiesische Zustand zwischen Tieren und Menschen verweist unweigerlich auf die zukünftige Heilswelt, wie sie im biblischen Buch des Propheten Jesaja beschrieben wird (Jes 11). Hier begleiten die Tiere die Menschen vom Paradies bis zur neuen Welt. Wenn Gottes Schöpfung eines Tages erlöst wird, dann beinhaltet dies auch die Miterlösung der Tiere und der übrigen Schöpfung. Denn Gott wird nicht das vernichten, was er als »gut« ansieht. Es ist folglich davon auszugehen, dass auch Tiere in den Himmel kommen und dass wir Menschen für unser Verhalten gegenüber Tieren zur Rechenschaft gezogen werden.

Das bedeutet aber nicht, dass wir heute kein Fleisch essen dürfen. Im Gegenteil, der Verzehr von Tieren ist dem Menschen erlaubt. Die Bibel nimmt diese Realität zur Kenntnis. Es werden keine Gründe genannt, warum Menschen Fleisch essen. Es geht wahrscheinlich nicht ohne. Doch auch außerhalb des Paradieses gilt Gottes Bund mit Menschen und Tieren, auch wenn diese Beziehung von Feindschaft und Gewalttätigkeit unter Menschen *und* Tieren geprägt ist. Selbst hier verlieren die Geschöpfe ihre Würde nicht. Trotzdem hat der Mensch im Umgang mit Tieren auch in der heutigen Zeit das Leben zu achten. Die Bibel macht demzufolge eine Einschränkung: In den Tieren darf beim Verzehr kein Blut, also keine Lebenssubstanz, mehr sein. Die erste Schöpfungserzählung und der Auftrag zur Versöhnung mit dem Tier bleiben als »Stachel«, als Auftrag zum verantwortlichen Umgang mit der Welt, weiterbestehen. Der Auftrag zur Bewahrung der Schöpfung und damit der Tiere gehört daher zu den grundsätzlichen Aufgaben der Christen.

Das hat mit uns zu tun

Das Verhältnis zu Tieren ist heute bei den meisten ein anderes, als es zu Zeiten der Bibel war. Eine enge bzw. unmittelbare Verbundenheit zwischen Tier und Mensch, wie sie die Israeliten noch hatten, ist in der modernen Welt kaum mehr vorhanden. Die wenigsten Menschen wachsen noch mit Nutztieren auf; vielmehr werden Tiere meist konkret nur noch auf zwei Arten erlebt: Entweder begegnen sie uns im Zoo bzw. als Haustiere oder als Nutztier zur Nahrungsmittelproduktion. Beide Funktionen übernehmen Tiere für den Menschen und beide haben auch ihre Grenzen.

Einerseits besitzen viele ein Haustier, das sie pflegen, mit dem sie in enger Beziehung stehen und das sie als wertvoll erfahren. Tiere sind Begleiter des Menschen und unterscheiden sich dadurch auch von uns Menschen. Die Grenze ist eben dann erreicht, wenn das Haustier verniedlicht und schon (fast) wie ein Mensch behandelt wird.

Von Kleidung bis zum Adventskalender gibt es alles für Tiere. Dieser Logik folgend ist es für jene Menschen auch selbstverständlich, dass das beste Fleisch zu Tierfutter verarbeitet und entsprechend dem »Liebling« gefüttert wird.

Andererseits ernährt sich der größte Teil der Menschen von Fleisch, das meist aus Massentierhaltung stammt. Jeder möchte gerne Fleisch auf dem Tisch haben, aber niemand möchte viel dafür bezahlen. Wir können sagen, welchen Preis wir für ein Schnitzel zu zahlen bereit sind, aber die wenigsten könnten sagen, was das Leben eines Tieres wert ist. Dies fällt vor allem deshalb schwer, weil unsere Gesellschaft heute gerade von der Überlegenheit des Menschen und der Verwertung von Tieren lebt. Sahen Menschen noch vor 100 Jahren wie ein Tier auf dem Bauernhof aufwuchs, dann geschlachtet wurde und das Fleisch einer Kuh oder eines Schweines eine ganze Familie längere Zeit ernähren konnte, wird heute Fleisch ohne Bezug und ganz entfernt von der Welt der meisten Menschen »produziert«. Kaum einer erlebt noch, wie ein Tier auf den Teller kommt. Um die Menge an Fleisch überhaupt decken und den Ansprüchen der Kunden entsprechen zu können, müssen Bauern heute hoch professionell und effizient arbeiten. Die Beziehung zwischen den Tieren und den Kunden, aber auch zwischen Tieren und Bauern hat sich dadurch grundlegend verändert. Tiere werden zur reinen ökonomischen Ware. So werden etwa in Deutschland jedes Jahr 40 Millionen männliche Küken kurz nach der Geburt getötet, weil sie keine Eier legen bzw. nicht als (Suppen-)Hühnchen taugen.

Tiere sind aber nicht nur Gegenstand der Massentierhaltung, sondern auch Basis für Versuche in Medizin und (Kosmetik-)Industrie oder in der Gentechnik.

Damit erhält die biblische Aussage eine ganz neue Dimension: »Furcht und Schrecken vor euch soll sich auf alle Tiere der Erde legen, auf alle Vögel des Himmels, auf alles, was sich auf der Erde regt, und auf alle Fische des Meeres; euch sind sie übergeben« (Gen 9,2). Der Mensch greift direkt in die Tierwelt ein und so erleben wir auch, dass aufgrund des menschlichen Verhaltens viele Tierarten vom Aussterben bedroht sind.

Für manchen scheint die biblische Sicht nicht mehr in die heutige Zeit zu passen. Die zahlreichen Fragen, vor denen wir heute im Umgang mit Tieren stehen, stellten sich für die biblischen Autoren nicht. Insofern scheinen die biblischen Gedanken zunächst einmal im Kontrast zu den gegenwärtigen Erfahrungen zu stehen. Und dennoch: Die verschiedenen Problemstellungen in der heutigen Gesellschaft verlangen nach einer fundamentalen Neubestimmung im Hinblick auf den Umgang mit Tieren. Denn es wird deutlich, dass unser derzeitiges Verhalten die Welt, in der wir aufwachsen, für uns und für die nachfolgenden Generationen grundlegend verändert. Dabei scheint außerdem klar zu werden, dass an das Überleben der Tiere auch unser eigenes Überleben gekoppelt ist. Der Literaturnobelpreisträger Elias Canetti schreibt: »Das Gedeihen der Welt hängt davon ab, dass man mehr Tiere am Leben erhält. Aber die, die man nicht zu praktischen Zwecken braucht, sind die wichtigsten. Jede Tierart, die stirbt, macht es weniger wahrscheinlich, dass wir leben. Nur angesichts ihrer Gestalten und Stimmen können wir Menschen bleiben. Unsere Verwandlungen nutzen sich ab, wenn ihr Ursprung erlischt.«

Genau hier können aber die biblischen Gedanken einen wichtigen Impuls bieten. Sie lenken unseren Blick auf die Beziehung von Menschen und Tieren und auf die

Würde, die beiden zukommt. Das Tier ist nicht einfach nur Verfügungsmasse für den Menschen, sondern Mitgeschöpf, das eine eigene Würde besitzt. Diese wird ihm nicht einfach von uns Menschen verliehen, sondern von Gott. Gott ist es, der darüber entscheidet, was wertvoll ist und was nicht. Genau hierin besteht auch der Kern des Begriffes »Schöpfung«. Im Gegensatz zum Begriff »Umwelt« steht in der Schöpfung Gott im Zentrum, und alles ist auf ihn ausgerichtet, während beim Begriff »Umwelt« der Mensch sich selbst in den Mittelpunkt stellt. Genau hier liegt auch der besondere Akzent der biblischen Gedanken. Es dreht sich eben nicht alles um den Menschen, sondern das Wichtige und Besondere ist Gott. Er bildet den Mittelpunkt der Schöpfung.

Er ist es auch, der uns Menschen zum Herrschen über die Tiere und Pflanzen einsetzt und uns damit Verantwortung für seine Schöpfung überträgt. Wohin demgegenüber ein verantwortungsloser Umgang mit Gottes Schöpfung geführt hat, zeigen die globale Umweltzerstörung oder die vielfach katastrophale Tierhaltung. Wir Menschen dürfen nicht vergessen, dass wir selbst Geschöpfe Gottes und damit Teil seiner Schöpfung sind. Das Begriffspaar »Mensch und Natur« verleitet doch leicht zu der Vorstellung eines Gegenübers von Mensch und Schöpfung, wohingegen sich der Mensch als integralen Bestandteil der Natur, also als natürliches Wesen, begreifen sollte.

Wenn das gelingt, dann wird es wieder möglich, die Tiere als Mitgeschöpfe und nicht als Objekte wahrzunehmen. Dazu ist es nötig, sich eben auch für die Tiere und ihre Belange zu interessieren und die Augen zu öffnen, vor dem was Tiere für den Menschen an Opfer bringen und wie sie leiden. Die besondere Aufgabe liegt dabei darin, die Gewalt auf ein Minimum zu reduzieren. Dies kann jedoch nur gelingen, wenn wir lernen, unsere Ansprüche gegenüber den Tieren und der Schöpfung im Gesamten zurückzunehmen. Die Schöpfung ist eben nicht da, um vom Menschen nach seinen Interessen ausgebeutet zu werden. Den eigenen Fleischkonsum einzuschränken, kann hier schon ein Ausdruck von »Ehrfurcht vor dem Leben« sein.

Das sollen Kinder verstehen

Kinder leben mit Tieren ganz ungezwungen. Die Gründe, warum Kinder ein bestimmtes Tier lieben oder nicht, sind unterschiedlich. Vielfach mögen sie besonders diejenigen Tiere, die man streicheln und denen man Zuneigung entgegenbringen kann. Häufig sind auch ästhetische Motive und die Größe ein Grund, warum Kinder bestimmte Tiere nicht mögen und eventuell Angst vor ihnen haben.

In ihrer Unbekümmertheit erleben Kinder das Tier oft als Begleiter und Mitgeschöpf des Menschen. Sie schätzen noch die Anwesenheit von Tieren und ihren Wert. Das Verhältnis von Tieren und Kindern ist auch von einer starken Vermenschlichung geprägt, ohne die eine Beziehung zwischen Tieren und Kindern undenkbar wäre. Kinder unterstellen Tieren menschliche Verhaltens- und Ausdrucksweisen, indem sie die eigenen Gefühle und Erfahrungen auf das Tier projizieren. Daher feiern viele Kinder den Geburtstag ihres Tieres oder fühlen sich in traurigen Situationen von ihm getröstet. Diese Wertschätzung Tieren gegenüber zu bewahren, ist ein wichtiger biblischer Impuls. Das Tier ist ein Geschenk Gottes. Gott ist es, der die Menschen und die Tiere erschaffen hat. Er soll der Mittelpunkt unseres Lebens sein.

Gerade Kinder haben aber noch dieses unmittelbare Gefühl, Teil der Schöpfung zu sein. Sie sind fasziniert von der sie umgebenden Natur und in besonderem Maße sensibel dafür, was sich in ihrem unmittelbaren kindlichen Staunen ausdrückt. Mit Kindern zusammen auf gemeinsamen Wanderungen die Natur zu entdecken, sie sinnlich wahrzunehmen, über sie zu staunen, aber auch Feste wie Erntedank zu feiern, ermöglicht, sich als Geschöpf und damit als Teil der Schöpfung zu verstehen. Der verantwortungsvolle und achtsame Umgang mit der Schöpfung erklärt sich dann von ganz allein. Schon Kinder können und sollen verstehen, dass Tiere kostbar sind und Fleisch, auch wenn es billig gekauft wurde, eine wertvolle Speise ist. So wird ihnen auch deutlich, dass der sorgsame Umgang mit Nahrungsmitteln kein notwendiges Übel, sondern eine Selbstverständlichkeit ist, da wir selbst Teil der Schöpfung sind. Schon an der Art und Weise, wie Erwachsene mit dem Essen umgehen, wenn sie z. B. das Stück Fleisch liebevoll zubereiten oder wenn sie es einfach wegwerfen, merken Kinder beiläufig und ohne viel Reden, welchen Wert Essen und Fleisch besitzen. Ein Dankgebet vor oder nach dem Essen unterstreicht ebenfalls den Wert der Speisen.

In der Auseinandersetzung mit Tieren können Kinder aber auch erleben, dass Tiere immer zugleich auch fremd sind. Selbst wenn es sich um die eigene Katze handelt, bleibt bei Tieren stets ein gewisses Rätsel. Sie sind eben doch keine Menschen. Das ist die andere Seite der biblischen Botschaft. Damit widersetzt sich der biblische Text auch jeder Vermenschlichung des Tieres. Das Tier ist eben ein Geschenk als Tier – und nicht als Mensch. Mit zunehmendem Alter können Kinder erfahren und erlernen, dass Tiere wertvoll sind, dass aber eine Vermenschlichung nicht »artgerecht« ist.

Auf diese Weise zeigt die biblische Botschaft klar die beiden Grenzen menschlichen Umgangs mit Tieren auf: Einerseits sollen wir die Tiere achten und respektvoll mit ihnen umgehen, andererseits sollen wir sie nicht auf die gleiche Stufe mit uns Menschen stellen.

Das können wir miteinander tun

Tiere wahrnehmen

Die einfachste Form ist, mit Kindern eine gewisse Zeit darauf zu achten, welche Tiere sie sehen, hören, fühlen oder riechen können. Auch in der Großstadt gibt es eine Unmenge an Tieren, die wir nicht mehr bewusst wahrnehmen: die Fliege an der Decke, die Vögel, die draußen zwitschern, Regenwürmer auf der Straße. Ziel ist es, diese Tiere in ihrer Art zu erkennen und anzuerkennen und sie nicht etwa – dies gilt auch für die Erwachsenen – gleich zu töten, indem man die Fliege mit der Hand zerschlägt, auf die Schnecke tritt usw. Für die Tiere sensibel zu werden, ist ein erster Schritt, um Kindern ein (wertschätzendes) Gefühl sich selbst gegenüber zu vermitteln. Wer mag, kann in einem weiteren Schritt ein Buch heranziehen, um die Tiere auch bestimmen zu können und um mehr über sie zu erfahren.

Zoo auf dem Rücken

In einer Gruppe mit Kindern oder zu Hause mit den eigenen Kindern kann man eine Tiermassage durchführen. Dazu legt sich ein Kind auf den Bauch. Das andere Kind oder ein Elternteil reibt erst sanft, dann etwas fester, dann wieder sanft über den Rücken. Nachdem die Spielfläche »poliert« ist, macht der Masseur eine kurze Pause.

Jetzt beginnt er, verschiedene Tiere über den Rücken krabbeln, hüpfen, schleichen oder rennen zu lassen. Zwischen jedem Tier macht er eine Pause. Das Kind, das auf dem Bauch liegt, muss dann erraten, welches Tier es gewesen sein könnte. Nach ein paar Minuten wird gewechselt.

Zuvor kann mit den Kindern überlegt werden, wie die Fortbewegung der Tiere mit den Händen nachgemacht werden kann. Dabei kann man sich verschiedene Tiere und Fortbewegungsarten ausdenken. Zum Beispiel:

- Elefant: langsam mit lockeren Fäusten patschen.
- Ameise: Leichte lockere Fingerspitzen rennen über den Rücken, hin und her.
- Pferdegalopp: Die Hände bilden Hufe und setzen mit den Fingerspitzen im Galopp-Rhythmus auf.
- Grashüpfer: Vier Fingerspitzen hüpfen.
- Schlange: Die Handkanten schlängeln sich den Rücken entlang.
- Krokodil: die Hand robbt vorwärts, hin und wieder kneifen die Finger fest zu.

Alternative:
Bei mehreren Kindern, etwa im Kindergarten, kann man den Rückenzoo auch im Kreis anleiten. Dann stehen alle

Kinder hintereinander im Kreis, und wenn nicht geraten werden soll, kann das Tier laut gesagt werden. Etwa »nun läuft ein Elefant über den Rücken« usw.

Bauernhof & Zoo besuchen

Generell bietet es sich mit Kindern immer an, Tiere auf dem Bauernhof und im Zoo zu besuchen. Es ist für die gesamte Familie ein schöner Ausflug. Dabei zeigt sich die gesamte Pracht der Tiere, und es ist möglich, mit den Kindern ungezwungen auch über die jeweilige Situation der Tiere zu sprechen. Wie sehen sie aus? Wo leben sie sonst? Sind sie vom Aussterben bedroht? Wie wird mit den Tieren umgegangen?

Bei so einem Besuch kann dann auch darüber gesprochen werden, woher wir unsere Lebensmittel bekommen. Wie schwierig es ist, sie zu produzieren und von welchen Faktoren (gutes Wetter, Handarbeit, Glück bei der Ernte usw.) sie abhängen.

»Zaubersee«-Massage

Um zur Ruhe zu kommen bietet sich für ältere Kinder oder Erwachsene die folgende Massage an. Dazu gehen immer zwei Kinder zusammen. Das eine massiert dem anderen Kind unter Anleitung den Rücken. Es hilft, wenn die anleitende Person die Massage zunächst mit den anderen Kindern zusammen durchführt, sodass sie die einzelnen Schritte abschauen können.

»Zaubersee-Massage« – Ablauf:

Im Zauberwald gibt es einen großen Zaubersee	Kreisende Bewegungen mit den Handflächen
Auf dem See liegen Seerosenblätter flach auf dem Wasser	Mit den Handflächen sanft auf den Rücken tippen
Wenn ein leichter Wind übers Wasser weht, dann entstehen Wellen auf der Wasseroberfläche	Mit allen Fingern Wellenlinien malen
Auf dem Wasser laufen winzige Insekten mit langen Beinen	Mit den Fingern krabbeln
Da kommen Enten herbeigewatschelt, vorneweg die Entenmutter	Mit den Handflächen abwechselnd auf den Rücken klatschen
Schwups!, springen sie ins Wasser und schwimmen	Fächerförmige Bewegungen mit den Händen
Plötzlich fängt es an zu regnen	Mit den Fingerkuppen trommeln
Da suchen alle Waldbewohner schnell einen Unterschlupf	Schnelle, krabbelnde Bewegungen über den ganzen Rücken, bis zu den Händen und Füßen
Auch die Entenfamilie. Sie bauen sich aus Gras und Federn ein Nest, kuscheln sich hinein, werden ganz leise und hören ihre Herzlein pochen	Mit den Fingerspitzen über den Körper huschen, ein Nest formen und den Kopf auf den Rücken des Partners legen und lauschen

Gemeinsam vegetarisch kochen

Um den Stellenwert von Fleisch zu thematisieren, kann beim Essen einmal bewusst auf Fleisch verzichtet werden.

Dazu kann mit den Kindern über die Bedeutung von Fleisch gesprochen und überlegt werden, welche Möglichkeiten es gibt, ein leckeres Mittagessen ohne Fleisch zuzubereiten.

Gemeinsames Tischgebet

Ein Tischgebet schafft nicht nur einen gemeinsamen Beginn des Essens, sondern erfüllt darüber hinaus noch weitere Aufgaben. Es ist zunächst ein Dank an Gott für die Speisen und ein Segen über sie. Gleichzeitig ist es eine kurze Besinnung auf das, was nun kommt. Das Essen wird bewusst als Geschenk wahrgenommen, erhält so seinen Stellenwert und wird mit der entsprechenden Wertschätzung verzehrt. Mit Kindern fast jeden Alters lassen sich etwa die folgenden Gebete sprechen:

> Alle guten Gaben,
> alles, was wir haben,
> kommt, o Gott, von dir.
> Wir danken dir dafür.
> (Unbekannter Verfasser)
>
> O Gott, von dem wir alles haben,
> wir preisen dich für deine Gaben.
> Du speisest uns, weil du uns liebst,
> so segne auch, was du uns gibst.
> Amen.
> (Unbekannter Verfasser)
>
> Von deiner Gnad', Herr, leben wir,
> und was wir haben, kommt von dir.

Darum sagen wir dir Dank und Preis,
tritt segnend ein in unseren Kreis.
Amen.
(Unbekannter Verfasser)

Wie die Luft zum Atmen bist du immer da;
kommst mir auch im Schenken dieses Mahles nah.
Ich bleib deiner Liebe dankbar eingedenk:
Nichts ist selbstverständlich, alles ist Geschenk.
Amen.
(Unbekannter Verfasser)

Im Anschluss daran können sich alle die Hände reichen und sagen: »Wir wünschen uns einen guten Appetit.«

Schlussimpuls für Eltern

Glauberger Fürbitte

Wir beten zu Gott, dem Schöpfer:
Vater unser im Himmel,
wir bitten dich für unsere Brüder und Schwestern, die Tiere:
Geheiligt werde dein Name
in jedem Geschöpf, dem du das Leben geschenkt hast.
Dein Reich komme
zu den Tieren, denen im Reich des Menschen täglich Unrecht geschieht.
Dein Wille geschehe
in der Ehrfurcht vor allem, was lebt,
wie im Himmel so auf Erden.

Unser tägliches Brot gib uns heute,
das Brot der Bescheidenheit und nicht der Ausbeutung.
Und vergib uns unsere Schuld
an unseren älteren Geschwistern, den Tieren,
wie auch wir vergeben unsern Schuldigern,
die uns verachten, weil wir für die Tiere eintreten.
Und führe uns nicht in Versuchung,
deine Geschöpfe unseren Bedürfnissen anzupassen,
sondern erlöse uns von dem Bösen,
das uns von deinen Geschöpfen und damit von dir trennt.
Denn dein ist das Reich *der Schöpfung*
und die Kraft *der Auferstehung*
und die Herrlichkeit *der Kinder Gottes*
in Ewigkeit.
Amen.

Vom Schlechten in der Schöpfung

Albert Biesinger

Wenn Gott die Welt gemacht, woher kommt das Leid? Hat Gott auch die Erdbeben und die gefährlichen Tiere gemacht? Warum müssen wir sterben? Ist mit dem Tod alles aus? Bleibt die Erde, wenn ich mal nicht mehr da bin? Warum tut Gott nichts, damit es der Erde gut geht? Warum gibt es Umweltkatastrophen?

Das wissen wir dazu

Unsere Welt ist alles andere als heil: Streit, Kriege, Hunger, Naturkatastrophen, Tod – jeder von uns wird im Lauf seines Lebens früher oder später mit diesen ernsten Dingen und einschneidenden Erlebnissen konfrontiert. Oft genug haben die negativen Ereignisse eine natürliche Ursache, aber häufig sind sie auch von Menschen gemacht. Die Erfahrung, dass es in der Welt so viel Schlechtes gibt, kann auch den Frömmsten an Gott zweifeln lassen: Wie ist es nur möglich, dass der liebende Schöpfer all dem tatenlos zusieht? Kann es angesichts von Leid und Übel überhaupt einen Gott geben? Diese Fragen beschäftigen die Menschen seit der Antike.

Der Philosoph Gottfried Wilhelm Leibniz (1646–1716) beantwortete sie mit dem Hinweis, dass die Welt zwar nicht vollkommen sei, der Mensch aber bereits in derjenigen Welt lebe, die dem Übel den kleinsten Raum biete. Wir sind jedoch jederzeit dazu aufgerufen, diesen stets nur für den jeweiligen Moment geltenden Idealzustand weiter zu verbessern; möglich wird dies vor allem dadurch, dass das Schlechte in der Welt den Menschen geradezu zum Nützlichen drängt und so letztlich die Bedingung für moralisches Handeln darstellt. Andere Denker erklärten das Vorhandensein des Bösen zum Durchgangsstadium in der Geschichte: Gott greife nicht ein, weil er das Ende der Welt ohnehin kenne. Oder sie deklarierten das Negative letztlich sogar als Willen Gottes; neben allem Guten sei auch alles Schlechte letztlich von ihm geschaffen. Weitere Erklärungsmodelle verweisen dagegen auf die Freiheit des Menschen. Man sieht: Eine allgemein gültige, universale Antwort gibt es nicht. Aber es finden sich zumindest Ideen, mit denen sich einzelne Aspekte des Leids erklären lassen.

Freiheit und Missbrauch der Freiheit

Als Menschen sind wir in eine Welt hineingeboren, die Gott zur Freiheit berufen hat. Das heißt auch, dass wir die Möglichkeiten dieser Welt nach unseren eigenen Vorstellungen nutzen können. Gott redet uns nicht rein. Selbst dann nicht, wenn wir dabei jegliche Verpflichtung gegenüber unseren Mitmenschen außer Acht lassen. Demzufolge ist es auch Teil unserer Freiheit, ihnen Leid zuzufügen. Das klingt extrem, ist jedoch nur die logische Weiterentwicklung dieses Denkansatzes. Wenn man es genauer betrachtet, basiert in der Tat ein großer Teil dessen, was die Menschen einander antun, auf dem gnadenlosen Ausreizen der eigenen Möglichkeiten: Da werden Rohstoffvorkommen und Menschen ausgebeutet, weil die Gier und die Verschwendungssucht einiger weniger stärker sind als die Kraft der Betroffenen, sich zu wehren. Es werden Feindschaften geschürt, Hass gesät und Kriege angezettelt, weil das einfacher ist, als faire Kompromisse mit dem Gegner zu schließen. Alles oder nichts. Dass Freiheit auch Verantwortung beinhaltet, interessiert meist diejenigen nicht, die am längeren Hebel sitzen. Dort, wo Menschen ihre gottgegebene Freiheit auf diese Weise missbrauchen und ausschließlich im eigenen Interesse handeln, entsteht vermeidbares Übel.

Diese Vermeidbarkeit des Schlechten unterscheidet uns von der Natur, wo es bekanntermaßen nicht minder hart zur Sache geht. Fressen und Gefressenwerden wirken auf uns zwar oft ähnlich brutal wie Kriegsbilder im Fernsehen. Sie haben aber eine andere Ursache: Nicht Gier, Hass oder böser Wille stehen dahinter, sondern Notwendigkeit. Deshalb lässt sich diese Grausamkeit – dem unterlegenen Tier werden ja ebenfalls Schmerzen zugefügt! – nicht nach menschlichen Maßstäben beurteilen. Vor allem artet sie nicht dahingehend aus, dass ganze Völker im Kampf gezielt vernichtet werden. Ein Jäger im Tierreich erlegt nur das, was er und sein Rudel wirklich benötigen. Insofern erscheint die Bezeichnung »gefährlich« auch als nicht ganz angemessen: Im Lauf der Evolution haben diese Tiere ihr Verhalten und ihre körperlichen Voraussetzungen schlicht den Gegebenheiten ihres Lebensraumes angepasst.

Naturkatastrophen

Wie aber lassen sich die Naturkatastrophen, bei denen immer wieder zahllose unschuldige Menschen den Tod finden, mit unserer positiven Gottesvorstellung in Einklang bringen?

Bei Erdbeben, Dürreperioden und Flutkatastrophen wird es in der Tat schwierig: Kein Mensch kann solche Ereignisse wirklich zuverlässig voraussagen und schon gar nicht verhindern; es gibt keinen Schuldigen, aber unzählige unschuldige Opfer. Alle gängigen Erklärungsmodelle stoßen hier an ihre Grenzen. Ist all das vielleicht wirklich nur ein simples Zeichen dafür, dass eben auch das Schlechte in der Welt von Gott geschaffen ist? Auf diese Frage werden wir keine befriedigende Antwort erhalten. Uns bleibt nur die Möglichkeit, das Geschehen zu deuten und daraus Konsequenzen für unser Leben zu ziehen. Zum Beispiel: Die Menschen möchten alles kontrollieren, und im Zeitalter von Computer und weltweiter Vernetzung scheint ihnen das auch mehr als je zuvor zu gelingen. Naturkatastrophen zeigen uns aber, dass sich eben nicht alles kontrollieren und erst recht nicht steuern lässt. Bei allem Wissen über die Welt ist der Mensch weder das Maß aller Dinge, noch steht er über ihnen. Das halten uns Fluten und Beben, aber auch der vom Menschen beschleunigte Klimawandel immer wieder vor Augen – leider auf sehr drastische Weise.

In der Bibel ist zwar – wie bereits dargestellt – die Rede davon, dass der Mensch sich die Erde unterwerfen soll. Damit ist jedoch auch eine Verantwortung für die Welt verknüpft, der wir uns nicht entziehen können; sie kam weiter oben bereits zur Sprache. Gerade die Veränderungen durch den Klimawandel sollten für uns Menschen ein Zeichen sein, dass wir eine Grenze erreicht haben und nicht einfach weitermachen können wie bisher.

Die Welt ist sterblich

Eine andere Grenze im Leben ist die eigene Endlichkeit. Sie wird uns spätestens dann schmerzlich bewusst, wenn ein geliebter Mensch stirbt. In unserem Leben ist der Tod das Einzige, was wir mit Sicherheit voraussagen können. Die Frage nach seinem Sinn ist wohl das größte Mysterium der Menschheit; ihr verdanken wir unter anderem die Entstehung von Religionen.

Unsere Welt besteht aus sterblicher Materie, das Leben ist ein ständiges Werden und Vergehen. Schon mit unserer Geburt sind wir sozusagen auf den Tod hin ausgerichtet. Insofern ist die Frage, was das Leben denn überhaupt für einen Sinn hat, wenn man ja doch sterben muss, auf jeden Fall berechtigt. Kinder stellen sie oft.

Antworten darauf gibt uns der Glaube: Unsere Existenz ist trotz unserer Sterblichkeit nicht sinnlos; es war vielmehr der Wille eines liebenden Gottes, dass wir in die Welt gekommen sind. Gott hat uns als sterbliche Wesen erschaffen, ebenso wie die übrige Welt auch sterblich ist. Er hat aber jedem von uns für sein Leben eine Aufgabe gegeben, die es zu entdecken und zu erfüllen gilt. Jeder Einzelne ist Gottes geliebtes Kind, das die Liebesgeschichte zwischen ihm und seiner Schöpfung fortschreibt. Und zu dieser Schöpfung gehört es leider auch, dass jegliches Leben irgendwann wieder vergeht und dass wir darüber traurig sind.

Wie geht es nach dem Tod weiter? Auf der Erde wird sich der ständige Kreislauf von Leben und Sterben weiter fortsetzen, auch wenn wir längst nicht mehr da sind. Ein jedes Leben hat seine Zeit. Was unser eigenes Sterben betrifft, finden wir im christlichen Glauben ebenfalls eine tröstende Zusage: Mit dem irdischen Tod ist nicht alles zu Ende, sondern er ist nur der Übergang in ein neues Leben. In ein ewiges Leben bei Gott – ein ganz anderes Leben, als wir es in der Welt kennen. Gott will nicht, dass wir sterben, sondern dass wir leben. Aber um mit ihm vereint leben zu können, müssen wir auf Erden sterben. Das soll aber nicht heißen, dass wir jederzeit mit dem Schlimmsten rechnen müssen. Es gibt auch »ein Leben vor dem

Tod«. Dieses Leben hat seinen eigenen Wert, deshalb müssen wir es schätzen und nutzen.

Die Gaben der Schöpfung teilen

Gott will, dass es uns auch im irdischen Leben gut geht. Doch oft sieht es anders aus: Menschen müssen hungern oder verlieren ihre Existenz aufgrund von Katastrophen, während andere ein weitgehend sorgloses Leben führen können. »Die Welt hat genug für alle Menschen, nur nicht für ihre Gier«, lautet ein Sprichwort. Gott liebt die Menschen, und die Erde bringt genügend Frucht für jeden von ihnen hervor.

An uns liegt es nun, diese Gaben Gottes gerecht zu verteilen, sodass jeder das ihm Zustehende erhält. Dazu sind wir nicht zuletzt durch das Gebot der Nächstenliebe angehalten, das Gott uns durch Jesus auferlegt hat: Liebe deinen Nächsten wie dich selbst. Mit diesem Gebot hat er gezeigt, wie viel ihm am Wohlergehen seiner Schöpfung und am gelingenden Miteinander der Menschen liegt.

Das hat mit uns zu tun

Tagtäglich werden wir mit den Unzulänglichkeiten und Gefahren des Lebens konfrontiert, sei es durch schreckliche Nachrichten im Fernsehen oder durch eigenes Erleben. Wir dürfen die Augen vor dem Schlechten in der Welt nicht verschließen, sondern müssen uns damit auseinandersetzen. Erst dadurch zeigen sich uns Möglichkeiten, Dinge zum Positiven zu verändern – und diese Chancen müssen wir nutzen.

Wichtig ist, dass die Auseinandersetzung sachlich geschieht, nicht mit dem erhobenen Zeigefinger oder mit Hilfe von Schockeffekten. Ziel ist zum einen, den Kindern Ängste zu nehmen, etwa vor der Zukunft oder dem Tod; zum anderen sollen sie zum Handeln motiviert werden. Jeder von uns trägt mit an der Verantwortung für die Welt, und am Ende zählt jeder noch so kleine Beitrag.

Selbstverständlich dürfen wir nicht ausklammern, dass die Menschheit für manche Probleme keine Lösung oder Handlungsoption bereithält. In solchen Fällen kann man aber immer noch versuchen, das jeweilige Ereignis zu deuten und ihm so zumindest eine Form von Sinn zu geben.

Das sollen Kinder verstehen

Unsere Welt ist beileibe kein Paradies. Kinder merken das genau. Deshalb ist es wichtig, dass sie begreifen, dass auch die negativen Aspekte nun mal zum Leben gehören. Andererseits dürfen sie jedoch nicht den Mut verlieren, sich diesen Herausforderungen immer wieder zu stellen.

Nicht für jedes schlimme Ereignis können wir einen Verantwortlichen ausmachen, und es gelingt uns auch nicht immer, für jedes Geschehen plausible Erklärungen zu finden. Trotz des technischen Fortschritts kann der Mensch bei weitem nicht alles auf der Welt kontrollieren oder zuverlässige Vorhersagen treffen. Häufig ist es notwendig, sich selbst mit dem Geschehenen auseinanderzusetzen, daraus Schlüsse zu ziehen und zu handeln. Aber auf keinen Fall darf man das Schlechte einfach hinnehmen und sich damit arrangieren. Resignation sorgt nur dafür, dass vermeidbares Übel nicht vermieden wird.

Jeder von uns kann dort, wo er steht, zu einer besseren Welt beitragen. Das beginnt mit einem guten Umgang miteinander und mit der Achtung der Belange der Schöpfung. Diese Achtung äußert sich nicht nur in großen Werken, schon kleine Gesten der Nächstenliebe werten das Leben auf.

Manche schlechten Erfahrungen sind jedoch untrennbar mit dem Leben verknüpft. Dazu gehört die Trauer um einen lieben Menschen. In der heutigen Zeit, die so sehr auf Perfektion achtet und stets gute Laune erwartet, ist es zugegebenermaßen schwierig geworden, Trauer zu zeigen. Wir alle müssen wieder lernen, sie zuzulassen. Wenn Großeltern oder Freunde sterben, ist Traurigsein keine Schande, sondern eine zutiefst natürliche Reaktion. Der Tod eines Menschen bringt für seine Angehörigen immer einen schmerzhaften Ablösungsprozess mit sich, der sich auf diese Weise äußert. Wichtig ist deshalb, dass ein Trauernder auch Trost findet – und das kann der Glaube leisten: Er verspricht uns, dass mit dem scheinbar so endgültigen Tod eben nicht alles vorbei ist. Gott hat uns aus Liebe ins irdische Dasein gerufen, und selbst im Tod wird seine Hand uns nicht loslassen. Diese Botschaft kann auch Kindern die Angst vor dem Tod nehmen.

Das können wir miteinander tun

Wenn Sie einen Todesfall in der Familie haben oder ein aktuelles Ereignis die Öffentlichkeit beschäftigt, ist zuallererst das Gespräch wichtig. Wiegeln Sie nicht gleich ab, wenn Ihnen die Ängste oder Sorgen Ihres Kindes marginal vorkommen. Kinder müssen ernst genommen werden. So entsteht Vertrauen. Und es besteht Ihrerseits nicht einmal der Zwang, auf jede Frage prompt eine Antwort zu haben! Es sind ja gerade die Unerklärlichkeit von einschneidenden Erlebnissen und die tiefe Trauer, die uns sprachlos machen. Oft ergeben sich insbesondere aus Gesprächen und aus dem gemeinsamen Nachdenken Erklärungen, die für alle Beteiligten zufriedenstellend sind. Dabei können auch die Eltern von den Kindern lernen – gerade hinsichtlich jener Dinge, auf die wir Menschen keinen Einfluss haben.

Beim Tod eines Angehörigen ist es sinnvoll, gemeinsam von diesem Menschen Abschied zu nehmen – wenn möglich auch am Sarg. Der Besuch im Leichenhaus kann dazu beitragen, dass der Tod für die Kinder realer oder im wahrsten Sinne des Wortes begreifbar wird. Auch die Beisetzung, bei der die Trauergemeinde jemanden aus ihrer Mitte der Erde übergibt, ist ein sehr anschauliches Ritual des Abschieds. Aber selbstverständlich darf man ein Kind keinesfalls zwingen, mit an den offenen Sarg oder zur Beerdigung zu kommen. Überlassen Sie ihm diese Entscheidung selbst.

Bei vielen anderen Dingen können wir ohne größere Hürden selbst aktiv werden. Sprechen Sie mit Ihren Kindern zum Beispiel über Umweltschutz; überlegen Sie gemeinsam, was jeder zuhause oder unterwegs dafür tun kann: Müll vermeiden, Wasser sparen, Fahrrad statt Auto benutzen – die Möglichkeiten sind vielfältig. Oder wenn es wieder mal Streit gegeben hat: Niemand soll zu Kreuze kriechen müssen. Wie kann also eine Versöhnung aussehen, bei der jeder der Beteiligten sein Gesicht wahrt? Und wie kann der Familienfriede dauerhaft wiederhergestellt werden? Erarbeiten Sie zusammen mit den Kindern feste Regeln, an die sich alle halten müssen. Auch die Erwachsenen.

Schlussimpuls für Eltern

Gerade der Friede und die Bewahrung der Schöpfung gehören zu den großen Herausforderungen der Menschheit – und doch sind sie Bereiche, in denen man bereits im eigenen Umfeld viel bewirken kann. Das hat uns der heilige Franziskus von Assisi gezeigt, der zu Menschen und Tieren gleichermaßen ein geschwisterliches Verhältnis pflegte. Sein unendlicher Respekt vor Gottes Schöpfung kommt im »Sonnengesang« zum Ausdruck, der bis heute zu den bekanntesten und beliebtesten christlichen Gebeten zählt. Hier ein Auszug:

> Gelobt seist du, mein Herr,
> durch unsere Schwester, Mutter Erde,
> die uns ernährt und trägt
> und vielfältige Früchte hervorbringt
> mit bunten Blumen und Kräutern.
>
> Gelobt seist du, mein Herr,
> durch jene, die verzeihen um deiner Liebe willen
> und Krankheit ertragen und Drangsal.
> Selig jene, die solches ertragen in Frieden,
> denn von dir, Höchster, werden sie gekrönt werden.
>
> Gelobt seist du, mein Herr,
> durch unsere Schwester, den leiblichen Tod;

ihm kann kein Mensch lebend entrinnen.
Wehe jenen, die in schwerer Sünde sterben.
Selig jene, die sich in deinem heiligsten Willen finden,
denn der zweite Tod wird ihnen kein Leid antun.

Lobt und preist meinen Herrn
und sagt ihm Dank
und dient ihm mit großer Demut.
(Franz von Assisi)

Vom Urknall und der Erschaffung der Welt

Edeltraud Gaus

Ist die Erde tatsächlich in sieben Tagen entstanden? Wie hat Gott die Welt gemacht? Hat er alles gleichzeitig gemacht? Gab es etwas, bevor Gott die Welt gemacht hat? Wie kann aus dem Nichts etwas entstehen? Hat die Welt auch ein Ende? Was ist der Urknall?

Das wissen wir dazu

Menschen sind neugierig, nicht nur als Kinder. Es ist eine Eigenschaft des Menschen, Dinge verstehen zu wollen, um erklären zu können, warum etwas ist, wie es ist. Je nachdem, was man wissen will, setzt man eine andere Brille auf, verwendet bestimmte Messinstrumente, legt seinen Verfahren andere Erklärungsmodelle zugrunde und kommt mitunter zu verschiedenen Beschreibungen desselben Gegenstandes.

Ähnlich sieht es bei der Schöpfungserzählung und der Urknalltheorie bzw. der Evolutionstheorie aus. Sie werden gerne nebeneinandergestellt und wie »Äpfel mit Birnen« verglichen. Für Jugendliche ist diese einfache Parallelisierung häufig das Ende ihres Glaubens.

Dabei ist zunächst einmal zu klären, was diese Theorien bzw. Berichte denn eigentlich beschreiben wollen und welche Perspektive sie einnehmen. Sie befassen sich zwar mit derselben Sache, verfolgen aber verschiedene Interessen – und formulieren ein unterschiedliches Weltbild.

Die *Urknalltheorie,* die heutzutage allgemein anerkannt ist, will belegen, wie das physisch-materielle Weltall und mit ihm die Sonnen, Planeten und Monde entstanden sind.

Demgegenüber will die *Evolutionstheorie* erklären, wie sich das Leben auf dem Planeten Erde von niederen zu höheren Formen entwickeln konnte und entwickelt hat. Diese Theorie wird meist mit dem Namen Charles Darwin in Verbindung gebracht, aber bereits lange vor ihm zweifelten immer wieder einige Naturforscher daran, dass jede Art von Leben für sich von Gott geschaffen oder einzeln entstanden und unveränderlich sei. Darwin widersetzte sich mit seiner Theorie über den Artenwandel der damals gängigen Auffassung, dass Gott alle Geschöpfe im Himmel, auf der Erde und im Meer geschaffen hat, wie es die biblische Schöpfungserzählung beschreibt. Auf diese Weise lieferte er für die Entstehung des Lebens auf der Erde eine naturwissenschaftliche Grundlage. Die Entwicklung des Finken oder der Schildkröte, des Orangenbaums oder des Menschen wird nicht mehr auf den unmittelbaren Eingriff Gottes zurückgeführt, sondern auf vorhandene Naturgesetze.

Nach wie vor gibt es in christlich-fundamentalistischen Kreisen Menschen, die an der Evolutionstheorie zweifeln und die Bibel wortwörtlich auslegen. Ihrer Ansicht nach sind die biblischen Erzählungen in absolut wörtlicher Form zu verstehen; deshalb verlangen sie, dass die Erschaffung der Welt durch Gott in sieben Tagen im Biologieunterricht gelehrt werde. Nicht nur in den USA, sondern auch in Europa versuchen sogenannte Kreationisten durch quasiwissenschaftliche Begründungen aufzuzeigen, dass die Bibel doch recht hat. Durch die Beobachtung der Natur wollen sie beweisen, dass Gott die Welt vor tausenden von Jahren genau so geschaffen habe, wie wir sie heute vorfinden. Doch diese Ansichten haben wenig mit dem zu tun, was der theologische Begriff Schöpfung und die Schöpfungserzählung zum Ausdruck bringen möchten.

Der theologische *Schöpfungsbegriff* ist nicht mit den beiden naturwissenschaftlichen Begriffen »Urknall« oder »Evolution« zu vergleichen. Denn die Schöpfungserzählung nimmt gegenüber den beiden anderen Theorien eine weitere Perspektive ein und setzt zugleich eine Entscheidung voraus. Derjenige, der diesen Bericht oder dieses Lied schrieb, hat die Welt aus der Perspektive einer an Gott glaubenden Person betrachtet. Bei den beiden anderen Weltbildern und Sichtweisen ist eine solche Vorentscheidung nicht notwendig. Demnach ist die Aussage der Schöpfungserzählung keine naturwissenschaftliche. Sie ist vielmehr Ausdruck gelebten und reflektierten Glaubens, also ein Ausdruck gelebter Spiritualität: Sie will nicht erzählen, wie eins aus dem anderen hervorging und Entwicklung stattfand. Daher kann ein Christ auch gut von der Urknall- und Evolutionstheorie überzeugt sein. Die Aussage der Schöpfungserzählung ist: »Am Anfang schuf Gott Himmel und Erde.« Dies drückt aus, dass die Erde und das Leben auf ihr aus Gottes Hand hervorgegangen und deshalb auf ihn bezogen sind. Der Text will etwas zum Verhältnis von Welt und Mensch sagen – und nicht, wie die Welt exakt entstanden ist. Der Gott Jahwe ist der eine und einzige Gott, und er ist von Anfang an bei uns. Er muss nicht erst geboren werden oder im Götterkampf andere Götter besiegen, wie dies in anderen Schöpfungsmythen erzählt wird.

Die Schöpfungserzählung ist also nicht einfach eine Beschreibung der Entstehung einer Sache. Ihre Verfasser wollen vielmehr herausstellen, dass die uns bekannte Welt mit allem Guten wie Schlechten eine Ordnung besitzt, in der Leben entstehen und sich entwickeln kann.

Der Schöpfungsbericht entstand, als sich das Volk in babylonischer Gefangenschaft befand und dort mit anderen Religionen konfrontiert wurde. Durch den Kontakt mit diesen Religionen war der eigene Glaube gefährdet, und deshalb wurde der Glaube an Jahwe genauer formuliert. Man wollte sich abgrenzen von den Babyloniern und hielt Erzählungen und Überzeugungen des eigenen Volkes fest. Die Schöpfungsberichte sind also vor einem religiösen Hintergrund entstanden. Die Zahl »sieben« in der Anzahl der Schöpfungstage ist daher nicht als ein fixer Punkt zu verstehen, sondern Ausdruck von Vollendung, Fülle und Heiligkeit. Aus dieser spirituellen Betrachtung der Welt heraus kann sich der gläubige Mensch zu der Überzeugung bekennen, dass er und die Welt von Gott erschaffen worden sind. Wie das genau abgelaufen ist, davon muss im Schöpfungsbericht gar nicht die Rede sein, das wird auch nicht erzählt. Aber alles, was wir auf der Welt vorfinden, ist durch Gottes Hände gegangen, als er es ins Leben gerufen hat. So schafft er das Licht, das Tag und Nacht trennt, und die Zeit. Er stattet den Lebensraum aus, indem er Meer und Land und Himmel erschafft. Daraufhin folgen die Pflanzen, die Gestirne, die Tiere und der Mensch. Alles hat seinen Platz und seinen Sinn. Und darum stimmt der biblische Autor ein Loblied auf den Schöpfer an.

Mit der Schöpfungserzählung soll den Menschen also etwas über Gott mitgeteilt werden: Die Welt, wie wir sie vorfinden, hat einen Sinn – auch wenn es in ihr Gutes *und* Schlechtes, Schönes *und* Grausames gibt. Bei alldem hofft der gläubige Mensch darauf, dass Gott das Urchaos gebändigt und gestaltet hat. Er ist es, der die Welt eingerichtet und den Menschen nach seinem Bild geschaffen hat. Diese Ordnung zeigt sich auch in der Gestaltung der Woche: Der Sabbat soll ein Ruhetag sein.

Die Frage, wie die Welt und das Leben entstanden sind,

beantworten Naturwissenschaften und Theologie aus verschiedenen Blickwinkeln. Somit ist ein Gegeneinander oder gar gegenseitiges Aufheben von Urknalltheorie, Evolutionstheorie und Schöpfungsbericht nicht denkbar. Und deshalb kann auch ein Christ an alle drei Theorien bzw. Berichte gleichzeitig »glauben«.

Das hat mit uns zu tun

Unsere Wahrnehmung der Wirklichkeit ist heutzutage stark beeinflusst von dem, was wir sehen und was uns bewiesen werden kann. Derselbe Gegenstand – etwa eine Blume – wird von einem Dichter, einem Genetiker oder Biologen, einem Verliebten oder einem Theologen jeweils unterschiedlich beschrieben. Während der Dichter die Blume als Objekt seines poetischen Empfindens versteht, ist sie für den Verliebten ein Ausdruck seiner Liebe zur Partnerin und für den Theologen ein Zeichen für Gottes wunderschöne Schöpfung; der Genetiker wird die Blume dagegen unter dem Aspekt ihrer möglichen genetischen Veränderbarkeit beschreiben und der Biologe anhand von Farbe, Art, Blütenzeit und Vorkommen klassifizieren. Und jede dieser Aussagen entspricht der Wirklichkeit, weil sie unter verschiedenen Voraussetzungen und aus jeweils anderen Grundüberzeugungen heraus getroffen wird. Keine Wahrnehmung schließt die andere aus; alle Beschreibungen dienen vielmehr dazu, die vieldimensionale Wirklichkeit der *einen* Realität, der *einen* Blume zu erfassen. Über die Entstehung der Welt und des Lebens kann also eine gültige naturwissenschaftliche Erklärung abgegeben werden, die vom Zusammenwirken bestimmter Naturgesetze ausgeht und sich auf Beweise und Forschungen beruft.

Die Bibel liefert eine andere Deutung, die darauf gründet, dass Gott als Schöpfer angenommen wird und als solcher die Wahrnehmung der Wirklichkeit prägt. Es geht hier nicht um die exakte Erklärung, wie die Welt entstanden ist. Die Texte in Genesis 1 und 2 sind ein Lobhymnus auf Gott, den Schöpfer der Welt und des Lebens, das von Gläubigen festgehalten, vorgetragen oder gesungen worden ist – und wird. Der Schöpfungsbericht (Gen 1) ist in einer Lied- bzw. Gedichtform abgefasst. Das zeigen beispielsweise refrainähnliche Formulierungen wie »Gott sprach« oder »Gott sah, dass es gut war«. Auch gibt es ein genaues Schema, wie die Tage und die jeweils geschaffenen Werke angeordnet sind:

1. Tag:
Gott schafft Licht und Dunkel, Tag und Nacht.

2. Tag:
Gott erschafft den Himmel.

3. Tag:
Gott erschafft Erde
und Pflanzen.

4. Tag:
Gott erschafft
Sonne und Mond.

5. Tag:
Gott erschafft die
Tiere des Meeres
und die Vögel des
Himmels.

6. Tag:
Gott erschafft das Vieh, Kriechtiere und die Tiere des Feldes. Er erschafft den Menschen als Mann und Frau.

7. Tag:
Gott ruht, nachdem er sein Werk vollbracht hat.

Allein die Tatsache, dass die Schöpfungserzählung als literarische Komposition anzusehen ist und dass es im Buch Genesis zwei »Berichte« darüber gibt, wie Gott die Welt erschaffen hat, zeigt, dass es hier nicht um das Wie des Schöpfungsaktes, sondern um das Lob des Schöpfers geht. Der gläubige Mensch macht sich bewusst, dass wir unser Leben nicht aus uns selbst heraus haben. Wir verdanken es einer Wirklichkeit, über die wir nicht verfügen. Zusammen mit anderen sind wir in eine Lebenswirklichkeit hineingestellt, für die jeder Verantwortung trägt.

Wer an Gott glaubt, feiert mit der Schöpfungserzählung Gott als Schöpfer und ist sich bewusst, dass wir Menschen von ihm geschaffen sind. Der christliche Schöpfungsglaube spricht nicht naturwissenschaftlich-abstrakt und objektiv über die Entstehung der Welt. Er liefert vielmehr eine Standortbestimmung, wie der gläubige Mensch sein Leben in der Welt versteht und es führen möchte. Er animiert den Leser dazu, sich mit grundsätzlichen Fragen nach dem Sinn seines Daseins auseinanderzusetzen: Was sind die Fähigkeiten, die mir geschenkt sind? Wie und wozu werde ich sie in meiner Welt einsetzen? Wie soll und wie werde ich mich zu meinen Mitgeschöpfen und zu der Schöpfung verhalten, in die ich eingebunden bin?

Meine Antworten auf diese Fragen und die Art, in der ich meine Verantwortung wahrnehme, sind nicht gleichgültig. Denn sie bestimmen mein Handeln und bleiben somit im eigenen Leben und in meinen Lebensbereichen nicht ohne Wirkung. Sicher ist so viel: Wo Menschen ihre Verantwortung erkennen, die Gott ihnen übertragen hat, da haben Geschöpfe und Schöpfung eine gute Zukunft.

Das sollen Kinder verstehen

Die biblischen Schöpfungsgeschichten versuchen nicht, naturwissenschaftlich die Entstehung der Welt zu erklären. Deshalb ist es religionspädagogisch und theologisch indiskutabel, diese wortwörtlich zu verstehen bzw. die Kinder mit einer Auseinandersetzung zwischen Naturwissenschaften und Theologie zu konfrontieren. Doch wie soll mit den Schöpfungserzählungen umgegangen und wie soll Kindern verdeutlicht werden, dass sich Glaube und Naturwissenschaften nicht ausschließen? Aufgrund ihrer Entwicklung verstehen Kinder die biblischen Bilder noch ganz wörtlich. Sie können noch nicht symbolisch denken und nehmen die biblischen Ausführungen über die Erschaffung der Welt als konkrete Aussagen. Allerdings können diese Bilder mit zunehmender Ablösung von kindlichen Vorstellungen auch zum Stolperstein religiöser Entwicklung werden. Es ist daher sinnvoll, Kindern ihre eigenen Vorstellungen, ihre eigene »Kindertheologie« zu lassen.

Werden Kinder irgendwann mit einer physikalischen oder biologischen Erklärung konfrontiert und leuchtet ihnen diese ein, werden sie die biblische Erklärung ernsthaft hinterfragen und sich eventuell von ihr abwenden. Folglich müssen sie lernen, dass es verschiedene Zugänge gibt, die Welt zu verstehen und Sinnzusammenhänge für das eigene Leben zu finden. Damit ist die Auslegung jeweils in andere Richtungen offen, und Kindern wird nicht die Konfrontation zwischen Naturwissenschaft und Theologie vermittelt.

Kinder verstehen nicht immer, wieso sie für das Brot dankbar sein sollen, wieso sie den Wasserhahn nicht endlos laufen lassen, Blumen nicht einfach abrupfen oder Ameisenhaufen nicht zertrampeln dürfen oder warum sie bei der Wanderung im Wald ihren Müll nicht einfach liegen lassen sollen. Wenn Erwachsene und Kinder darüber immer wieder ins Gespräch kommen, können die Kinder über Jahre hinweg ein Wertverständnis und ein gewisses Verantwortungsgefühl im Umgang mit Nahrung, anderen Lebewesen und der Natur entwickeln.

Eltern, die ihre Kinder religiös erziehen wollen, können anhand der biblischen Schöpfungsberichte von Gott erzählen, der die Welt und das Leben erschaffen hat. Er wollte, dass es auf der Erde Leben gibt. Aus diesem Grund hat er sie dem Menschen übergeben, damit der sie pflegt und schützt. Gerade darum sind unser Lebensraum und alles Leben sehr wertvoll. Weil Gott uns Menschen zum Leben verholfen hat, steht jeder von uns in einer besonderen Beziehung zu ihm. Können Kinder sich als Gotteskinder verstehen, dann sind sie auch in der Lage, Welt und Natur als Schöpfung wahrzunehmen – mit allem Positiven und Negativen, das dazugehört. Und dass die Umwelt und das Leben geschützt werden sollen, darin sind sich Naturwissenschaften und Religion einig.

Das können wir miteinander tun

Gott für die Welt danken

Einer spricht: »Gott hat uns seine Schöpfung geschenkt. In allem, was er geschaffen hat, können wir Gott finden. Alles sagt uns: So groß und gut ist Gott. – Und Gott lässt seine Welt nicht im Stich. Wie sehr er diese Welt liebt und was er für sie tut, hören wir in der folgenden Erzählung aus der Bibel:

> Petrus und Andreas nahmen Jesus mit zu sich nach Hause, und die anderen Jünger folgten ihnen. Als sie ankamen, lief ihnen die Frau des Petrus mit besorgtem Gesicht entgegen. »Meine Mutter ist sehr krank«, begann sie. »Das Fieber steigt, und ich weiß nicht, was ich tun soll.«
>
> »Jesus kann helfen«, antwortete Andreas. Sie führten Jesus in die Ecke des Raumes, wo die Schwieger-

mutter des Petrus sich hin und her wälzte. Jesus nahm ihre magere, abgezehrte Hand in die seine und half ihr, sich aufzusetzen. Sofort verschwand die brennende Röte von ihrem Gesicht, und sie lächelte Jesus zu. »Ich sollte längst auf den Beinen sein und mich um euch kümmern«, meinte sie. Dann stand sie auf und fühlte sich gesund und stark.

Die Nachbarn sahen das und trauten ihren Augen kaum. In Windeseile verbreitete sich die Nachricht, und am Abend hatte sich eine große Menschenmenge vor dem Haus versammelt. Alle möglichen Kranken warteten geduldig darauf, dass Jesus ihnen half. Da waren Taube und Blinde, von bösen Geistern Besessene und viele Gelähmte. Freunde und Verwandte hatten sie gebracht.

Jesus ging hinaus zu der Menge und heilte sie alle. Er zeigte ihnen, dass mit seinem Kommen Gottes Macht in der Welt am Werk war. Zugleich ließ er sie erkennen, dass Gott jeden liebt und sich um jeden von ihnen kümmert.

(Nach Markus 5, aus der Kinderbibel von Elmar Gruber)[1]

Danach kann ein Austausch über den Bibeltext stattfinden. Wo erlebe ich Freude in meinem Leben? Wo schenkt mir Gott seine Zuneigung, seine heilende Nähe?

Gebet:
»Guter Gott, schärfe unsere Sinne, öffne uns Augen und Ohren, damit wir dich überall in der Schöpfung entdecken lernen und unsere Welt als dein Geschenk an uns Menschen bewahren und gestalten. Amen.«

Lied: Du hast uns deine Welt geschenkt

2. Du hast uns deine Welt geschenkt: die Länder, die Meere. Du hast uns deine Welt geschenkt: Herr, wir danken dir.

3. Du hast uns deine Welt geschenkt: die Sonne, die Sterne. Du hast uns deine Welt geschenkt: Herr, wir danken dir.

4. Du hast uns deine Welt geschenkt: die Blumen, die Bäume. Du hast uns deine Welt geschenkt: Herr, wir danken dir.

5. Du hast uns deine Welt geschenkt: die Berge, die Täler. Du hast uns deine Welt geschenkt: Herr, wir danken dir.

6. Du hast uns deine Welt geschenkt: die Vögel, die Fische. Du hast uns deine Welt geschenkt: Herr, wir danken dir.

7. Du hast uns deine Welt geschenkt: die Tiere, die Menschen. Du hast uns deine Welt geschenkt: Herr, wir danken dir.

8. Du hast uns deine Welt geschenkt: Du gabst mir das Leben. Du hast mich in die Welt gestellt: Herr, wir danken dir.

9. Du hast uns deine Welt geschenkt: Du gabst uns das Leben. Du hast uns in die Welt gestellt: Herr, wir danken dir.

(Text: Rolf Krenzer / Melodie: Detlev Jöcker, aus: *Das Liederbuch zum Umhängen* © Menschenkinder Verlag, 48157 Münster 1995)

Kreativ die Schöpfung erfahren

Das Thema Schöpfung lädt dazu ein, sich sinnlich mit Umwelt und Natur auseinanderzusetzen, und bietet somit die Möglichkeit einer ganzheitlichen Erarbeitung.

- Kinder können selbst *schöpferisch tätig* werden. Sie hören zum Beispiel die Schöpfungsgeschichte aus der Bibel (Gen 1–2,4a) und können danach die Schöpfung so malen oder aus Ton formen, wie sie sie wahrnehmen. In einer Vernissage können sich die Kinder dann ihre

Schöpfung gegenseitig vorstellen und erklären, was ihnen wichtig und bedeutsam ist.

- Kinder können auf unterschiedliche *Entdeckungsreisen* gehen. So kann man auf einem Spaziergang (durch die Stadt, den Wald …) an unterschiedlichen Orten unterschiedliche Dinge hören (Menschen reden, Vögel zwitschern, Bäche und Blätter rauschen …). Dabei dürfen die Kinder dem, was ihnen an Schöpfung begegnet, eigene Namen zu geben.
- Kinder können *Lob und Dank an den Schöpfer* formulieren. Betrachtet man die biblischen Texte und Psalmen (besonders die Ps 8, 19 und 145), dann führt das Staunen immer zum Lob an den Schöpfer. Sich vom Wunder der Schöpfung ergreifen zu lassen und zu staunen, darf bei der Wahrnehmung nicht allein stehen bleiben. Die Kinder sollen fähig werden, die Schöpfung nicht als selbstverständlich hinzunehmen, sondern für ihre Vielfalt zu danken.

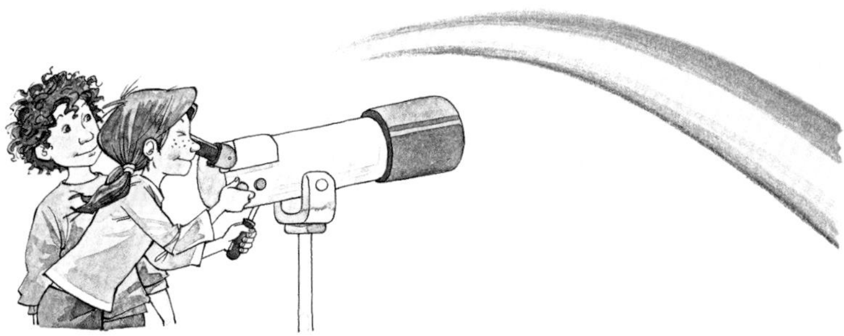

Schlussimpuls für Eltern

Töchter des Meeres

Wie viele Muschelschalen gehen
an diesem öden Strand verloren!
Sie könnten das Glück Tausender Kinder sein.

Der Mensch begreift nicht,
dass die Wellen, die Töchter des Meeres,
schöne Kinder sind,
die auch mit Muscheln spielen.
(Dom Helder Camara)[2]

Unsere Verantwortung für die Zukunft

Ralf Gaus

Warum machen die Erwachsenen unsere Welt kaputt? Warum tut ihr nichts gegen die Umweltzerstörung? Was kann ich richtig machen, was ist nicht so gut? Ist mein Beitrag überhaupt wichtig – die Welt ist doch so groß?

Das wissen wir dazu

Wenn unsere Kinder und die kommenden Generationen das Verhalten der heutigen Menschheit rückblickend nicht als »rücksichtslos« und »verantwortungslos« bewerten sollen, dann ist ein radikales Umdenken im Umgang mit der Schöpfung notwendig. Zu häufig vergisst unsere Generation, dass die Grundlage ihres Fortschritts und Wohlstands die Ausbeutung und der Verbrauch natürlicher Ressourcen sind. Vieles davon, zum Beispiel Gas, Erdöl oder Kohle, wird nicht mehr nachwachsen, wenn es einmal aufgebraucht ist. Tierarten, die ausgestorben sind, werden nicht wiederkommen, und die Folgen der Umweltzerstörung wie Überschwemmungen, Dürre usw. sind nicht absehbar. Eine rasante Beschleunigung des Verbrauchs erleben wir gerade durch die Entwicklungs- und Schwellenländer wie etwa China, die nun ebenfalls ihren Anteil an den Bodenschätzen beanspruchen.

Es ist eine Frage der Gerechtigkeit, dass nicht nur wir Menschen der aktuell lebenden Generation Anspruch auf die Ressourcen erheben dürfen, sondern auch und gerade die zukünftigen Generationen, die momentan noch nicht für ihre Rechte eintreten können. Es gibt keinen Grund, sie bei unseren Überlegungen außer Acht zu lassen, nur weil sie noch nicht auf der Welt sind. Vielmehr ist es sogar geboten, auf jene Menschen Rücksicht zu nehmen, zumal wir mit unserem Handeln schon jetzt massiv in ihr Leben eingreifen.

Gerade die neuen Technologien verursachen bei Unfällen immer größere Schäden, deren Folgen nicht abzuschätzen sind. Welch weitreichende Konsequenzen unser heutiges Handeln zeitigt, verdeutlichen etwa die Kriterien für den Bau eines Atommüll-Endlagers. Laut Bundesministerium für Umwelt, Naturschutz und Reaktorsicherheit hat ein Endlager die Sicherheit von einer Million Jahre zu gewährleisten. Damit sind schon jetzt die zukünftigen Generationen in die Pflicht genommen; ihnen wurden Verantwortung und Aufgaben übertragen, ohne sie zu fragen. Neben der Verpflichtung, einmal die Renten zu bezahlen, stehen sie ungefragt auch vor der Beseitigung der Folgen unseres Handelns. Möglicherweise werden sie diese Belastung niemals schultern können.

Demnach liegt es in der Verantwortung des heutigen Menschen, nicht nur auf Kosten der Kinder und zukünftiger Generationen zu leben, sondern diese schon jetzt als Mitgeschöpfe wahrzunehmen und im Tun zu berücksichtigen. Die Menschheit zu Beginn des dritten Jahrtausends muss folglich eine Haltung entwickeln, welche die Schöpfung als Grundlage des Lebens aller Menschen begreift – und entsprechend verantwortlich mit ihr und den Ressourcen umgehen. Sie muss eine Welt hinterlassen, in der kommende Generationen nicht mit mehr Problemen zu kämpfen haben, als sie bewältigen können. Auch sie müssen die Chance bekommen, die Schönheit der Natur mit ihrer Artenvielfalt zu genießen und sie für sich nutzbar zu machen. Die Schöpfung ist ein Gut, das es nicht nur für uns heute, sondern auch für die Menschheit der Zukunft zu bewahren gilt. Sie ist ein Gut, das die eine Generation an die nächste weitergeben möchte. Auch wir haben sie von unseren Vorvätern als Erbe empfangen und werden sie eines Tages weitergeben.

Das hat mit uns zu tun

Die Wünsche nach Wohlstand und Bewahrung der Schöpfung schließen einander zwar nicht aus, machen aber eine andere Haltung erforderlich. Nicht alle Wünsche, die wir haben, können erfüllt werden. Ökologisch ist es sinnvoller, zu Fuß zu gehen, als mit dem Auto zu fahren, die Reise in den Urlaub mit der Bahn und nicht mit dem Flugzeug zu machen sowie statt dem Gemüse aus Asien oder Lateinamerika auf Produkte aus der Region zu setzen. Das fordert Überwindung und Verzicht auf liebgewonnene Annehmlichkeiten. Fahrradfahren macht bei Wind und Regen wenig Spaß, und saftige Tomaten aus Lateinamerika lassen einen im Winter mehr vom Sommer träumen als der Kohl, der dann auf dem europäischen Gemüseplan steht. Aber letztlich ist der Verzicht auf diese Möglichkeiten wertvoller.

Verantwortung gegenüber der Schöpfung und den künftigen Generationen zu übernehmen ist für Christen zunächst eine spirituelle Haltung. Sie erfordert mehrere Dinge. Zunächst müssen wir sensibel werden für die Schöpfung. Wir müssen sie als Wert an sich, als wertvoll begreifen. Erst wenn wir sie nicht mehr als einfach nur gegeben betrachten, sondern sie bewusst als Grundlage für das Leben wahrnehmen, können wir sie auch als Geschenk Gottes begreifen, das sich zu bewahren lohnt. Die Schöpfung ist ein Geschenk, das für alle Menschen bestimmt ist – aber nur für eine begrenzte Zeit, die Zeit unseres Lebens. Wir besitzen die Schöpfung nicht, sondern sind im biblischen Sinne nur ihr Verwalter. Die Kinder von heute und die künftigen Generationen werden uns darin beerben.

Das sollen Kinder verstehen

Kinder erlernen den verantwortlichen Umgang mit der Schöpfung zuallererst zu Hause, durch das Vorbild der Eltern. Sie machen es so, wie man es zu Hause eben vormacht: Müll trennen, Licht ausschalten, wenn man den Raum verlässt usw. Der verantwortungsvolle Umgang mit Ressourcen ist also eine Form des Verhaltens, nur dass man sich meist bewusst für dieses Verhalten entschieden hat. Wie bei allem werden sich die Eltern darum kümmern müssen, dass die Kinder dieses Verhalten auch einhalten; sie müssen also kontrollieren, ob das Licht auch wirklich ausgeschaltet ist etc. Das ist nicht immer einfach und löst auch Diskussionen aus. Aber genau in solchen Situationen können Kinder erleben, dass den Eltern die Bewahrung der Schöpfung ein wichtiges Gut ist – eventuell sogar, dass sie damit Verantwortung für die Menschen heute und die Zukunft der Kinder übernehmen. Die Kinder begreifen also, dass Eltern sich nicht in eine Haltung zurückziehen, aus der heraus sie einfach etwas tun, weil man es eben tut. Sondern dass sie bewusst handeln und mit gutem Grund, auch wenn sie sich vielleicht anderen gegenüber dafür rechtfertigen müssen. Vor allem Jugendliche werden vielleicht auch erleben, dass die christliche Haltung der Eltern eine politische Dimension hat: Aus dem eigenen Glauben erwächst ein Handeln, das versucht, die Gesellschaft zu gestalten.

Das können wir miteinander tun

Ein sorgsamer Umgang mit der Schöpfung und ihren Ressourcen erfordert immer wieder neue Anstrengung. In vielen Bereichen kann er erlernt werden: Es beginnt mit dem Wassersparen beim Zähneputzen und geht über das Lichtausschalten, über Mülltrennung zur Müllvermeidung. Deshalb können und sollen Eltern und Kinder gemeinsam überlegen, wo sie sorgsam mit den Ressourcen umgehen können.

Vor allem mit älteren Kindern kann überlegt werden, ob es nötig ist, das Auto zu benutzen, um zum Sport zu kommen, ob sich Fahrgemeinschaften bilden lassen oder sogar das Fahrrad reicht. Dies hat aber nur dann Sinn, wenn sich alle daran beteiligen, auch die Eltern.

Das Auto ist hier jedoch nur ein Beispiel; es gibt viele Möglichkeiten, wo eine Familie anfangen kann. Entscheidend ist, dass den Kindern dabei kein Druck gemacht wird. Verantwortungsvoller Umgang mit der Schöpfung muss spielerisch und freudig erlernt werden, wenn er nicht eines Tages in das Gegenteil umschlagen soll. Daher soll es nicht darum gehen, den Kindern dauernd etwas zu verbieten, sondern sie an kleinen Beispielen für die Umweltprobleme zu sensibilisieren. Eine Familie muss also nicht gleich das ganze Alltagsleben umstellen, sondern kann entsprechend ihrem eigenen Tempo erste (kleine) Schritte gehen.

Ein »umweltfreundliches Wochenende« planen

Ein Wochenende lang versucht jedes Familienmitglied bewusst, umweltfreundlich zu leben. Man kann z. B. ausprobieren, auf welchen Strecken das Auto verzichtbar ist, weil entweder der Weg ohnehin relativ kurz ist oder weil man sich auf diese Weise eine Stunde Bewegung an der frischen Luft verschafft. Es wird nur saisonales und regionales Gemüse auf dem Markt oder beim Biogemüsehändler gekauft und damit gekocht; es wird überlegt, wo im Haushalt Energie gespart werden kann – mit Energiesparlampen oder dem konsequenten Ausschalten des Standby-Modus an allen Elektrogeräten. Oder es gibt statt Fernsehen einen gemeinsamen Spieleabend. Man kann überlegen, wo sich Müll vermeiden lässt (z. B. Stofftaschen zum Einkaufen mitnehmen), und darauf achten, dass der Müll getrennt wird. Oder auch darauf, dass man nur die wirklich notwendige Waschmittelmenge benutzt. Am Sonntagabend wird ausgewertet, ob es so viel Umstellung erfordern würde, einige der Ideen im Alltag beizubehalten.

»Umweltbeauftragte« einrichten

Um bei den Kindern schon früh die Wahrnehmung für die natürlichen Ressourcen zu wecken, können im Kindergarten oder der Grundschule neben den Klassenbuchordnern oder anderen Aufgaben auch sogenannte »Umweltbeauftragte« ernannt werden. Im Wechsel können dann je zwei Kinder verantwortlich dafür sein, dass etwa das Licht in den Zimmern aus ist, wenn man den Raum verlässt, dass Müll getrennt wird usw.

Schlussimpuls für Eltern

Gebet der Vereinten Nationen

Herr, unsere Erde ist nur
ein kleines Gestirn im großen Weltall.
An uns liegt es, daraus einen Planeten zu machen,
dessen Geschöpfe nicht von Kriegen gepeinigt werden,
nicht von Hunger und Furcht gequält,
nicht zerrissen in sinnlose Trennung
nach Rasse, Hautfarbe oder Weltanschauung.
Gib uns Mut und die Voraussicht,
schon heute mit diesem Werk zu beginnen,
damit unsere Kinder und Kindeskinder
einst mit Stolz den Namen Mensch tragen.

TEIL 2

HÖRT GOTT UNS, WENN WIR BETEN?

Von Gott, mir und unserer Beziehung

Ralf Gaus

Warum beten wir eigentlich? Was darf ich Gott sagen? Hat Gott Ohren, damit er mich hören kann?

Das wissen wir dazu

Wir Menschen sind nicht nur fähig zu sprechen, sondern wir haben auch das Bedürfnis, es zu tun. Wir wollen uns anderen mitteilen, mit ihnen reden und sie so an unserem Leben teilhaben lassen. Wer kleine Kinder hat, weiß das: Kaum ein Baum, ein Stein auf der Straße oder ein Vogel am Himmel bleibt von ihnen unkommentiert; die Worte brechen geradezu aus ihnen heraus. Sie möchten erzählen, was sie sehen, denken und fühlen. Bei Erwachsenen ist es ähnlich. Wenn es uns gut geht, dann möchten wir alle Menschen teilhaben lassen, damit sie sich mit uns freuen und mit uns lachen. Und wenn es uns schlecht geht, entlastet und hilft es uns, wenn wir anderen unsere Sorgen erzählen können und so Trost erfahren.

Über das Reden kommen bzw. bleiben wir mit anderen in Kontakt. Das beginnt mit der Begrüßung und endet mit der Verabschiedung. Reden verbindet uns Menschen – auch dann, wenn wir miteinander streiten. Erst wenn wir nicht mehr miteinander reden, ist das Ende unserer Beziehung gekommen.

Wie ist das aber mit Gott und unserer Beziehung zu ihm? Nach jüdisch-christlichem Verständnis stehen wir in der Gottesbeziehung, es besteht also eine enge Beziehung zwischen Gott und uns. Dies wird bereits am Beginn der Bibel deutlich: Gottes erste Worte erschaffen die Welt. Und der Evangelist Johannes beginnt sein Evangelium mit dem Satz: »Im Anfang war das Wort« (Joh 1,1). Von

Anfang an stehen wir Menschen unter dem besonderen Zuspruch Gottes, dass er uns nahe ist. Wir sind nicht einfach ein Zufallsprodukt, sondern von Gott selbst gewollt, als sein Abbild (»Lasst uns Menschen machen als unser Abbild«, Gen 1,26). Jedem von uns schenkt er das Leben. Dass Gott uns weiterhin durch dieses Leben begleitet, verheißt er uns deutlich mit seinem Namen Jahwe, der »Ich bin der Ich-bin-da« bedeutet (Ex 3,14). Somit können wir mit Gott immer und überall ins Gespräch kommen. Das Besondere ist hierbei, dass nicht wir Menschen das Gespräch mit Gott »zustande« bringen müssen, sondern dass Gott eben schon den ersten Schritt getan bzw. das erste Wort gesprochen hat. Wir stehen immer schon in Beziehung mit ihm.

Ihren Höhepunkt findet die tiefe Bindung zwischen Gott und der Schöpfung in seiner Menschwerdung in Jesus Christus. Gott selbst wird Mensch! Er wird geboren, lebt und stirbt wie wir. Indem er dieses Leben geteilt hat und Jesus von den Toten auferstanden ist, hat er die Menschheit erlöst. Gott begegnet uns in Jesus als Mensch, der unser Leben kennt und den wir ansprechen können. Er steht also nicht neben oder über der Welt, sondern in direkter, liebender Beziehung und Kommunikation mit ihr – und mit uns. Gott ist den Menschen nahe und ist für sie erfahrbar.

Diese Erfahrung bildet die Grundlage für alle Gebete – früher wie heute. Oft ist sie in der Bibel beschrieben. Die Betenden im Alten und Neuen Testament gehen davon aus, dass sie mit Gott in direkter Verbindung stehen, dass er ihnen zuhört und sich ihnen zuwendet. Deshalb kann der Betende etwa sagen: »Ich rufe zu Gott, ich schreie, ich rufe zu Gott, bis er mich hört« (Ps 77,2) oder »Höre, o Gott, mein lautes Klagen« (Ps 64,2). Auch Jesus betet in dem Wissen, dass das Reich Gottes angebrochen und Gott selbst nahe und erfahrbar ist. In der Nachfolge Jesu können heute auch wir Gott als »Vater« ansprechen und entsprechend »Vater unser« beten. Auch wir können auf die Geborgenheit und Liebe Gottes vertrauen und darauf, dass wir uns zu jeder Zeit an ihn wenden können. Gott, der uns geschaffen hat, kennt uns; und wir können ihm alles offenbaren, ihn teilhaben lassen an unserem Leben mit unseren Sorgen, Nöten und Ängsten, aber auch mit unserer Freude und unserem Lachen. Wenn wir beten, antworten wir also auf Gottes Zusage.

Im Gebet drückt sich aber auch unsere gesamte Gottesbeziehung aus. Es versteht sich nicht als Monolog des Betenden oder als Selbstgespräch. In der Beziehung zu Gott ist es wie in anderen Beziehungen auch: Wenn mir jemand besonders wertvoll ist, dann suche ich die bewusste Nähe zu ihm. Ich möchte mit ihm sprechen und mit ihm verbunden sein, aber eben auch hören, was er mir zu sagen hat. Deshalb gehört zum Gebet ebenso die Haltung des Hörens. Es geht darum, sensibel zu werden für Gott, für seine Spuren in dieser Welt und in mir. Gott zu erfahren, braucht Ruhe, braucht die Auseinandersetzung mit mir und anderen, mit der Natur und den Erfahrungen, wie sie schon in der Bibel niedergeschrieben sind und wie sie uns heute noch begegnen. Demzufolge betet der gläubige Jude täglich das »Sch'ma Israel!« – »Höre Israel!« (Dtn 6,4). Aus dieser Haltung des Hörens kann dann das Gespräch mit Gott erwachsen. Beten bedeutet nicht nur zu bitten und zu danken, sondern auch hinzuhören auf das, was Gott uns sagen möchte. Nur so kann Beten auch zur geistigen und seelischen Nahrung für uns Menschen werden.

Die Gottesbeziehung fordert mich im Gebet heraus. Erst im Beten wird mir deutlich, ob ich das, was ich sage, ernst meine und ob die Beziehung zwischen Gott und mir für mich von Bedeutung ist. Daher provoziert das Gebet eine Haltung, eine Lebenseinstellung meinerseits. Es zielt darauf, dass sich mein Glaube auch in meinem Leben ausdrückt, dass Wort und Tat einander entsprechen. Gott hat uns würdig gemacht, indem er uns den Status von »Kindern Gottes« zugesprochen hat. Aus diesem Grund können wir auch unser Leben ändern und menschlicher in dieser Welt handeln. Jesus bringt dies auf den Punkt: Weil das Reich Gottes in ihm schon angebrochen ist, können wir umkehren und unser bisheriges Leben ändern (Mk 1,15). Gott ist uns bereits entgegengekommen, jetzt brauchen wir nur noch zu folgen. Beten ist also nicht nur eine religiöse Sprachschule, sondern auch eine Schule der Wahrnehmung, des Achtsamwerdens und vor allem des Lebens.

Beten heißt nicht unbedingt zu sprechen. Ebenso gibt es auch nicht eine einzige Form des Gebetes. Zu beten bedeutet, in ein Gespräch mit Gott zu kommen, das mehr ist als nur oberflächliches Geplauder. Es geht um Gott, um mich und unsere Beziehung. Dabei können sich Zeiten abwechseln, in denen er häufig von mir hört, und dann wieder lange nichts. Wie alle Beziehungen muss ich aber auch die Beziehung zu Gott pflegen. Sie lebt gerade daraus, dass ich regelmäßig mit ihm Kontakt aufnehme – nicht aus Pflicht, sondern aus Freude.

Das hat mit uns zu tun

Mit Kindern zu beten ist vielen Erwachsenen ungewohnt und fremd. Für manche ist es das erste Mal seit ihrer eigenen Kindheit, dass sie wieder beten. Andere haben zwar gebetet, aber meist zurückgezogen und privat. Jeder hofft auf ein Rezept oder genügend Wissen, wie man Beten am besten vermittelt. Das gibt es allerdings nicht. Denn im Beten spiegelt sich meine eigene, ganz persönliche Beziehung zu Gott wider. Da helfen mir weder mehr oder weniger theoretisches Wissen noch die Anwendung irgendwelcher Handgriffe, sondern nur die konkrete Praxis. Kinder möchten bei der Frage nach dem Beten ganz unverstellt wissen und erleben, wie ich meine Gottesbeziehung lebe. Die Frage nach dem Beten mit Kindern ist also eine Frage, die auch mich und meinen Glauben unmittelbar angeht.

Uns Erwachsenen hilft dabei, dass Kinder mit dem Thema Beten ebenso unbefangen umgehen wie mit allen anderen Themen. Deshalb muss ich mich nicht schon Jahre mit dem Beten beschäftigt haben oder mein Leben lang religiös gewesen sein, um mich den Kindern mitteilen zu können. Dennoch stellen Kinder uns mit ihren Fragen immer wieder vor neue Herausforderungen: Indem sie von uns eine Antwort erwarten, nötigen sie uns Erwachsene auch immer wieder zur eigenen religiösen Positionsbestimmung. Ob der Wunsch nun vom Kind oder von mir als Erwachsenem selbst herrührt: Das Gebet mit Kindern kann ein guter Anlass sein, sich als Erwachsener wieder mit dem Thema »Beten« und damit auch neu mit der eigenen Gottesbeziehung auseinanderzusetzen.

Das wirft einerseits Fragen nach Gott, nach mir und meinem Leben auf, und zugleich gibt es andererseits meinem Leben eine neue, qualitativ andere Dimension. Beten ist – je nach Lebenssituation – der erste Schritt, mit Gott wieder Kontakt aufzunehmen. Ich kann darauf vertrauen, dass er mir zuhört, auch wenn ich vielleicht nicht auf Anhieb die richtigen Worte finde. Im Gebet erlebe ich Gott als Ansprechpartner, als denjenigen, der mich geschaffen hat und es gut mit mir meint. Ich kann mir mein Leben mit seinen Höhen und Tiefen bewusst werden lassen und Gott alles sagen. Ich werde seine Nähe erfahren, ihn als Vertrauten kennenlernen, aber auch als den ganz anderen. Beten macht mich sensibel für Gott und für mich selbst, aber auch für meine Umwelt. Es verändert meinen Blick für die Spuren Gottes und meine Verantwortung in der Welt.

Nicht nur als Person, sondern besonders auch als Familie stehen wir schon immer in der Gottesbeziehung. »Wo zwei oder drei in meinem Namen versammelt sind, da bin ich mitten unter ihnen« – eine solch provokative Zusage Jesu ernst zu nehmen und damit Nähe und Ehrfurcht vor Gott im Miteinander innerhalb der Familie zu erfahren, ist prägend und bereichernd. Demnach ist Beten mit Kindern als Oase zu verstehen. Denn es bietet Eltern und Kindern die Möglichkeit, gemeinsam Gott neu zu entdecken. Beten als Teil der religiösen Erziehung in der Familie ist ein Suchen und Fragen in Gemeinschaft. Eltern und Kinder machen sich mit Gott auf den Weg, um auf die zentralen Fragen menschlicher Existenz eine Antwort zu bekommen. Statt diesen Bereich einfach auszublenden und zu hoffen, dass die damit verbundenen Probleme nicht mehr auftauchen werden, stellen sie sich auch den unbequemen religiösen Fragen und suchen nach gemeinsamen Antworten. Hierbei können die Fragen der Kinder die Erwachsenen auch an den Rand ihrer Denkvorstellungen bringen. Die Familie ist der Ort, an dem eine sehr intensive und lebensnahe religiöse Kommunikation möglich ist. Nichts und niemand kann das, was in der Eltern-Kind-Kommunikation an religiösen Erlebnissen und an reflektierter religiöser Erfahrung entsteht, gleichwertig ersetzen. Abends am Bett des Kindes sitzt nicht der Pfarrer oder die Religionslehrerin, sondern Vater oder Mutter.

Beten mit dem eigenen Kind ist ein spannender, teilweise auch anstrengender Weg. Aber Beten in der Familie soll nicht als Leistungsdruck oder als Stress verstanden werden. Eltern sollten somit darauf verzichten, sich unter Druck zu setzen. Beten soll nicht überfordern, sondern entlasten.

Das sollen Kinder verstehen

Wer Kindern die Gottesbeziehung eröffnen möchte, der wird sie anregen, mit Gott zu beten. Damit kommt man auch den Kindern entgegen, denn sie fragen von sich aus nach Gott und wollen alles wissen und verstehen. Kinder sind von sich aus religiösen Dingen gegenüber sehr aufgeschlossen.

Schon im Säuglingsalter können sie die Atmosphäre spüren, die beim Gebet entsteht. Sie erleben, dass etwas ganz Besonderes, Wichtiges geschieht. Die Eltern sind vielleicht gelöster und entspannter. Das Gefühl, das Erwachsene beim Gebet oder danach vermitteln, lässt Kinder erleben, dass Beten etwas Positives und Wertvolles ist. Nur wenn Kinder Vertrauen in sich, andere und die Welt haben, werden sie zu starken Persönlichkeiten. Folglich ist es wichtig, dass sie Gott als jemanden erleben, der in liebender Beziehung zu ihnen steht. Gott hat sie gewollt, er hat sie geschaffen, und er hält sie in seiner Hand.

Gott liebt die Kinder und freut sich über den Kontakt mit ihnen. In Gott finden Kinder jemanden, dem sie alles erzählen können – gute wie schlechte Erlebnisse. Sie sollen Gott als Partner und Freund erleben, der will, dass sie ihr Leben und ihre Probleme bewältigen können. Deswegen darf Gott in der Erziehung auch nicht als Drohung verwendet werden; ein strenger, strafender oder drohender Gott verhindert geradezu jede positive Gottesbeziehung des Kindes.

Aus diesem Grund sollten sich Erwachsene auch immer über ihr Sprechen von Gott Gedanken machen. Dies gilt generell – etwa auch dann, wenn wir mit dem Kind diskutieren ob Gott »Ohren« oder einen »Mund« hat. Wir müssen uns dessen bewusst sein, dass unser Sprechen von Gott immer in bildlichen Annäherungen geschieht. Die biblischen Beschreibungen von Gottes »Hören« und »Sprechen« sind gerade Ausdruck dieser Erfahrung mit Gott. Jedoch erwecken solche Bilder bei Kindern vor allem leicht die Vorstellung, dass Gott ein Mensch sei. Zwar ist uns klar, dass Gott weder Ohren noch Mund besitzen kann, dennoch bleibt uns keine andere Möglichkeit, als in solchen menschlichen Sprachbildern von ihm zu erzählen, wenn wir etwas über ihn aussagen möchten. Ebenso begegnen wir in den biblischen Erzählungen immer wieder Bildern, die von der Erfahrung zeugen, dass Gott nicht fern ist, sondern in Treue zu den Menschen steht. Kinder sollten lernen, dass Gott nicht der »Mann mit dem weißen Bart« ist, sondern dass er mit Hilfe von Bildern umschrieben wird, weil er »immer anders« ist und unfassbar bleibt. Davon, wer Gott tatsächlich ist, kann jeder aufgrund seiner Gotteserfahrung selbst erzählen.

Das können wir miteinander tun

Gott steht mit uns in Beziehung, und das sollen Kinder bereits möglichst früh erfahren. Es führt jedoch sicherlich nicht zum Ziel, ihnen dies durch Vorträge vermitteln zu wollen. Vielmehr geht es darum, Kinder dazu anzuregen, mit Gott selbst zu sprechen und symbolisch seine Gegenwart zu erfahren. Eltern und Kinder sollen sich daher gemeinsam auf den Weg des Gebets machen. Beten lernt man nur durch Beten. Deshalb können Kinder nur durch das Vorleben und die konkrete Praxis das Beten erlernen. Wie bei allem wird es aber auch Phasen geben, in denen die Kinder nicht beten wollen. Das gehört dazu. Wenn das Gebet in ein generelles Abendritual mit Geschichte und Tagesrückblick eingebettet ist, machen Kinder meist mit.

Heranführung an das Gebet: Die Stille hören

Sie können mit Ihren Kindern üben, die Stille zu hören. Setzen Sie sich in einem ruhigen Moment bequem hin und vereinbaren Sie mit Ihren Kindern, dass jetzt alle eine Weile ganz still sind und jeder darauf achtet, was er in der Stille wahrnimmt und was ihn innerlich beschäftigt. Kleine Kinder schaffen meist nur wenige Sekunden, während ältere Kinder etwa zwei bis drei Minuten schweigen können. Beginnen Sie dann, langsam Arme und Beine zu bewegen, sich zu strecken und zu gähnen. Anschließend findet eine Erzählrunde statt, in der jeder erzählt, was er in der Stille »gehört« hat und welche Gedanken ihm gekommen sind.

Gottes Spuren in der Schöpfung wahrnehmen

»Denn in ihm – Gott – leben wir, bewegen wir uns und sind wir« (nach Apg 17,28).

Eltern und Kinder können Gott als den Schöpfer der Welt, den Großen, den, der Leben schenkt, erfahren, indem sie mit wachen Sinnen durch die Schöpfung gehen. Wir Erwachsene sind im Alltag sehr auf das Denken fixiert, Kinder hingegen leben noch in der direkten und unmittelbaren Wahrnehmung. Beim Betrachten der Natur als Gottes Schöpfung können sie uns die Augen für Gott und seine Spuren öffnen.

Während eines Spaziergangs werden immer wieder Pausen gemacht, um bewusst wahrzunehmen:

Pause 1: Wir erzählen uns, was wir alles sehen.
Pause 2: Wir sind eine Weile still und teilen uns dann mit, was wir alles hören.
Pause 3: Wir setzen uns und jeder riecht einmal bewusst: das Moos, das Holz, das Gras, eine Blume … Wir tauschen uns darüber aus.
Pause 4: Nacheinander verbinden wir uns die Augen mit einem Tuch und betasten Dinge in der Natur: einen Stein, den Baumstamm, ein Blatt, das Fell eines Tieres …
Pause 5: Vielleicht kommen wir an einem Apfelbaum vorbei, der gerade reife Früchte trägt, oder an einem Erdbeerfeld, oder wir nehmen einen Apfel und ein Stück Brot mit. Während dieser Pause kann einmal ganz bewusst ein Apfel oder ein einfaches Stück Brot gekaut und geschmeckt werden.

Wieder zu Hause tauschen wir uns darüber aus, was wir heute an Besonderem erlebt haben, worüber wir staunen und wofür wir danken können. Worin und wie könnten wir Gottes Spuren wahrgenommen haben? Wo erfahren wir, dass Gott immer noch da ist?

Am Ende dieser Einheit kann ein Danklied gesungen werden.

Gott singend danken

Lied: Danket, danket dem Herrn

(Text: nach Psalm 106,1 / Melodie: aus dem 18. Jh.)

Schlussimpuls für Eltern

Von Tag zu Tag
ist mein Leben erfüllt
von deinem Anruf
an mich.
Lass mich hellhörig werden
für deine Stimme,
dass sie nicht untergehe
im Lärm des Nichtigen.
Das Vernommene
und dennoch Niegehörte
lass mir zu Ohren dringen.
Ein waches Herz gib mir,
das Ewiges
im Zeitlichen gewahrt.
Was du mir dartust, Gott,
behüte es in mir.
Nicht lass es anheimfallen
der Vergessenheit,
sondern heranreifen
zur Antwort,
die ich dir gebe
mit meinem Tun und Lassen,
mit meinem ganzen Sein.
(Antje S. Naegeli)[3]

Vom Bitten, Klagen und Loben. Mit Gott im Kontakt in allen Lebenslagen

Albert Biesinger

Darf ich Gott auch einmal böse sein? Wie kann ich mit Gott verbunden sein? Darf ich Gott alles sagen? Auch was Lustiges? Muss ich Gott genau erzählen, was er zu tun hat? Wie wirkt Beten? Gibt es eine »Zauberformel«? Verändert Beten etwas?

Das wissen wir dazu

Beten öffnet uns für Gott. Es bewirkt viel: Ich trete von mir aus in Verbindung mit dem, der vom ersten Moment meines Seins an – bereits lange vor meiner Geburt – von sich aus in Beziehung zu mir steht. Als unser Schöpfer und Retter aus dem Tod hat er allen Menschen einen göttlichen Funken mitgegeben, den wir in uns tragen und der nie erlischt. Gott hat sich mit uns verbunden, und durch das Gebet können wir uns mit ihm verbinden.

Jesus lehrt uns, auf so vertrauensvolle Weise zu beten, dass der Glaube sogar Berge versetzen kann. Dies ist im übertragenen Sinne sehr wichtig: Der Glaube, dass Gott uns auch dann noch rettet, wenn unser Körper tot ist, ist noch mehr als Berge versetzen. Da geht es um uns selbst, um Sein oder Nichtsein.

Manche Gebete erhört Gott offenbar nicht: Vielleicht sollen wir das, worum wir beten, selbst bewirken. Vielleicht antwortet Gott auf das Gebet in der bedrängenden Situation des Sterbens: Ich selbst bin am Kreuz als Mensch durch den Tod hindurchgegangen; auch du musst durch den Tod hindurchgehen, um in der neuen Welt ewig leben zu können.

Und dennoch ist es gut, wenn wir vor Gott auch direkt unseren Alltag offenbaren. Dies drückt der Begriff

»Erzählbeten« aus. Ich kann mit Gott all das laut oder leise besprechen, was mich beschäftigt, wie es mir gerade geht und was ich mir dabei denke, was gerade um mich herum passiert. Ich kann ihn fragen, warum es Tote bei Erdbeben und Amokläufen gibt und warum wir auf dieser Welt den Hunger und das Elend nicht in den Griff bekommen. Erzähl-Beten heißt, dass ich mich in meiner ganzen Lebenswirklichkeit auf Gott ausrichte und mich mit ihm austauschen möchte. Manchmal tut es auch gut, mit Gott direkt zu sprechen: »So ist es mit meinem Leben. Ich könnte mal etwas Unterstützung von dir und mehr Durchblick gebrauchen.« Oder: »Du siehst, ich tappe immer wieder in dieselbe Falle und mache immer wieder dieselben Fehler. Pass auf mich auf…«

Beten ist Gotteskommunikation. Wir nehmen Kontakt mit ihm auf und teilen uns ihm mit, so wie es uns geht und wie wir ihm in einer bestimmten Situation etwas sagen wollen. Die Gebete der Bibel zeigen uns sehr interessant und eindrucksvoll, dass Menschen in ihren ganz verschiedenen Lebenslagen – manchmal in ganz schlimmen und verzweifelten Situationen, aber auch in großer Freude und Ekstase – mit Gott gesprochen haben.

Wir haben Zeugnisse von Lobgebeten, von Klagegebeten, von Bittgebeten, Vergebungsbitten sowie von Gebeten totaler Trauer und Verzweiflung. All diese Gebete wurden in die Bücher der Bibel eingebunden. Manchmal sprechen die alttestamentlichen Beter mit Gott so direkt und offen, dass es einigen Menschen heute schon zu heftig scheint, weil sie denken: »So direkt und klagend, enttäuscht und anklagend kann man doch nicht mit Gott reden!« Genau dies ist im Alten Testament aber nicht ungewöhnlich. Und selbst Jesus hat Gott geklagt: »Mein Gott, mein Gott, warum hast du mich verlassen?« (Mk 15,34).

Am Ölberg betet Jesus in seiner Todesangst zu Gott und fragt ihn, ob Gott dieses Leid nicht an ihm vorüberziehen lassen könne: »Abba, Vater, alles ist dir möglich. Nimm diesen Kelch von mir! Aber nicht, was ich will, sondern was du willst, soll geschehen« (Mk 14,36). Und ebenso bemerkenswert: Jesus weint, als sein Freund Lazarus gestorben ist (Joh 11,35). Wir tun also gut daran zu lernen, dass wir bei Gott klagen können, ja ihn sogar anklagen können.

Zugleich finden wir – besonders in den Psalm-Gebeten – viele Bitten zu Gott, dass er uns vor Strafe schützen möge. Menschen merken, dass sie etwas Böses getan und die Beziehung mit Gott und den Mitmenschen gestört oder zerstört haben. Menschen um Vergebung und Verzeihung zu bitten, Gott um Vergebung und Verzeihung zu bitten, ist der Sinn solcher Gebete. Menschen, die in der Lage sind zu sagen »Ich habe einen großen Fehler gemacht und es tut mir leid. Bitte bestrafe mich nicht dafür«, sind schon sehr weit in ihren Gedanken und in ihrer Reue. Wir sind alle – egal ob wir große oder kleine Fehler machen – vom Erbarmen Gottes abhängig. Denn unsere menschliche Existenz ist immer begrenzt; Heil und Heilung, Rettung aus der Verzweiflung und dem Tod gibt es am Ende nur durch Gott selbst. Deshalb ist davon auszugehen, dass alle Menschen, die umkehren, ihre Schuld bereuen und sich Gott öffnen, von ihm nicht zurückgestoßen, sondern in die Arme genommen werden. Jesus selbst gibt uns im Gleichnis vom barmherzigen Vater und dem verlorenen Sohn eine froh machende Botschaft: Was auch immer du an Schuld auf dich geladen hast, Gott kommt dir gerade auch in deiner Schuld und deinem Versagen mit offenen Armen entgegen (Lk 15,11–32).

Auch Kinder geraten bisweilen in die Situation, dass sie um Vergebung bitten müssen, weil ihnen eine bestimmte

Situation oder Verhaltensweise sehr leid tut. Dann ist es wichtig, ihnen entgegenzugehen und die Arme zu öffnen: »Es ist wieder gut. Versuche, es morgen wieder anders zu machen.« Wir sollen den anderen »70 Mal sieben Mal« – also unendlich oft – vergeben, sagt Jesus im Matthäusevangelium (Mt 18,22).

Gebete mit der Bitte um Vergebung sind heilsame Gebete – wie Balsam für die wunde Seele.

Zu unserer materiellen Welt gehören Leid und Sterben. Schon wenn ein Kind geboren wird, ist es auf dem Weg zum Sterben. Das gehört so offensichtlich zu unserer menschlichen Existenz auf dieser Erde, dass man es besser innerlich annimmt und darauf vertraut, dass Gott Wege aus dem Tod hat. Darauf, dass er uns erlösen wird in der Nacht und am Tag unseres Sterbens, wenn wir unseren dann kranken, alten oder durch einen Unfall zerstörten sterbenden Körper verlassen. Auch für diese Situationen haben wir Gebete: Die Liturgie bei Beerdigungen drückt sehr eindrucksvoll Trauer und Klage, aber auch das Vertrauen, das Anvertrauen der Toten hinein in die göttliche Welt aus. Beim Verlassen der Kirche nach Trauerfeiern beten wir oft: »Denn er befiehlt seinen Engeln, / dich zu behüten auf all deinen Wegen. / Sie tragen dich auf ihren Händen, / damit dein Fuß nicht an einen Stein stößt« (Ps 91,11–12).

Wir haben aber auch ganz andere Gebete: Lobgebete. Wir loben den Schöpfer, der die Berge und Seen, das Meer und die Wälder erschaffen hat. Wir loben Gott als unseren Schöpfer, der über den langen Weg der Evolution die Pflanzen, die Tiere und uns Menschen entstehen ließ. Der den Namen von jedem von uns kennt und unsere Namen eingeschrieben hat in seine Hand: »Sieh her: Ich habe dich eingezeichnet in meine Hände« (Jes 49,16).

Wenn wir mit Gott in Beziehung stehen, sind wir manchmal in der Stimmung, ihm dafür zu danken, dass er uns durch unsere Eltern das Leben gegeben hat, dass er uns durch unser Leben begleitet, weil er uns einen göttlichen Funken von sich mitgegeben hat. Wir haben Grund zum Danken, dass uns die Erde ernährt – sie würde auch die Armen ernähren, wenn es auf ihr gerecht zuginge –, wir haben Grund zu danken, dass Gott uns trägt und unserem Leben über den Tod hinaus eine Zukunft gibt. Gott ist die Zukunft unserer Zukunft.

Manchmal möchte ich auch einfach ganz persönlich mit Gott reden, mit ihm über meine Glücksmomente und Sorgen des Alltags sprechen.

Mit Gott direkt sprechen zu lernen verschafft einen besonderen Blick fürs Leben. Milliarden Menschen auf dieser Erde beten regelmäßig. Sie fühlen sich im Kontakt mit Gott, deuten ihr Leben im Austausch mit ihm und klagen, bitten, lobpreisen und danken ihm in den jeweiligen Lebenssituationen.

Wer betet, praktiziert die eigene Gottesbeziehung, gibt ihr Ausdruck und Form, aber auch Inhalt und Emotion. Beten ist also ein Zu-sich-selbst-Finden und ein Ausdruck dieses Findens. Eine Form des Wissens darum, was zu tun ist, wenn etwas geschehen ist. Wenn ich am Bett eines befreundeten sterbenden Menschen sitze, dann weiß ich, was zu tun ist: Ich bete mit ihm ein Vaterunser bzw. ich frage ihn, ob ich es mit ihm beten soll. Schon mancher Mensch, der sich sein ganzes Leben lang im Blick auf Gott und Kirche kritisch geäußert hat, faltete in diesen letzten Tagen oder Stunden die Hände und betete mit bewegten Lippen. Wenn er auszuhauchen beginnt, ist sein letzter Hauch eingebettet in sein Gebet zu Gott, der ihn aus dem Tod rettet. Elie Wiesel, der berühmte jüdische

Religionsphilosoph in den USA, hat es brillant auf dem Punkt gebracht:

> Beten heißt, fähig zu sein, seine Stärken und Schwächen zu erkennen, seine Existenz und seine Zukunft zu ermessen, heißt empfangen und geben. Ohne diese Möglichkeit wäre der Mensch um eine wesentliche Dimension ärmer. Niemand ist mehr zu bedauern als der Mensch, der nicht beten kann, denn nicht beten ist keine Sünde, sondern eine Strafe. Die tragischste Stunde im Leben des Beseht ist jene, als er zur Strafe seine Gebete vergaß.
>
> (Elie Wiesel)[4]

Das hat mit uns zu tun

Es ist eine andere Art zu leben, wenn wir daran glauben können, dass Gott sich uns mitgeteilt hat und dass wir uns auch Gott mitteilen können. Beten meint, mit Gott zu sprechen, an ihn zu denken. Dies kann laut oder leise, im Gesang oder in instrumentaler Musik oder auch in der schweigenden Meditation geschehen. Sehr beeindruckend sind für Kinder wie für Erwachsene die Erfahrungen in Taizé, der bekannten ökumenischen Gemeinschaft in Frankreich; dort beginnen die Mönche und oft tausende von Menschen den Tag mit Wiederholungsgesängen, einem kurzen Text aus der Bibel, langem Schweigen, kurzen Fürbittgebeten für die Menschen in aller Welt, dann abermals mit Schweigen und am Schluss wiederum mit Meditationsgesängen. Es ist, als ob wir spüren könnten, dass sich der Himmel für uns öffnet und wir mit einem Bein schon im Himmel stehen.

Die Mönche auf dem Berg Athos in Griechenland beten schon morgens um drei Uhr »Kyrie eleison« – »Herr, erbarme dich unser«. Die Gesänge gehen einem durch Mark und Bein, wenn sie in die Stille der dunklen Nacht hinaus dringen. Und immer wieder der sich wiederholende Bittruf: Herr, erbarme dich unser; erbarme dich über diesen neuen Tag und die Milliarden Menschen auf dieser Welt mit ihren Schicksalen, Nöten, Freuden, Verliebtheiten, Krankheiten und Zusammenbrüchen.

Wer betet, lebt anders, beginnt den Tag mit einem Gedanken an Gott. Eltern segnen ihr Kind beim Weggehen am Morgen: »Gott beschütze dich« – ein Ritual, das weder Zeit noch Geld kostet, aber die Kinder anders gehen lässt. Sie gehen behütet aus dem Haus, wenn sie merken, dass der Papa oder die Mama sie Gott anvertraut hat. Ich kenne viele Familien, die dieses Ritual haben – mit erfüllenden, zustimmenden Reaktionen ihrer Kinder.

In Lobgebeten, Dankgebeten und Klagegebeten lernen Kinder sich im Blick auf Gott auszudrücken, ihr Leben ins Wort zu bringen und die Gottesbeziehung auch emotional zu leben. Kinder können sich in den verschiedenen Altersphasen Gott ja ganz unterschiedlich vorstellen. Und immer ist es die jeweils richtige und für sie stimmige Vorstellung, die sie ja oft in einen Dialog mit unseren elterlichen Gottesvorstellungen bringen. Sie wollen wissen: Wo wohnt Gott, wie sieht Gott aus, was macht er den ganzen Tag und wie kann er alle Menschen auf der Welt kennen? Mit Kindern darüber im Gespräch zu sein, ermöglicht ihnen, ihre eigene Gebetskompetenz zu entwickeln. Sie bekommen Schritt für Schritt auch ein kritisches Gespür dafür, wie wir uns Beten eben nicht vorstellen dürfen: Beten ist nicht die Bestechung Gottes, dass er für uns zaubert!

Wenn wir gemeinsam zu Gott beten, stärkt dies unsere Zusammengehörigkeit, unseren Glauben an Gott und gibt uns gemeinsame Zuversicht: Halten wir mit Gott zusammen, kommen wir besser durchs Leben.

Beten können wir überall, und es gibt ganz verschiedene Orte, die wir zum Beten vielleicht bevorzugen: Kinder beten meist gerne vor dem Einschlafen im Bett. Manche Kinder bleiben vor einem Wegkreuz stehen oder wollen in Kirchen hinein, auch wenn keine Gottesdienste sind. Manchmal übt die Madonnenfigur eine besondere Faszination aus – das kleine Kind auf dem Arm seiner Mutter ist für viele Kinder ein interessanter und eindrucksvoller Zugang. So lernen sie, direkt mit Jesus zu sprechen.

An manchen Tagen wollen Kinder gar nicht beten, und dies ist zu akzeptieren, ohne Druck zu machen. Beten ist freiwillig. Je freiwilliger und selbstmotivierter Kinder beten lernen, desto intensiver erwerben sie Gebetskompetenz. Denn wenn sie als Jugendliche oder Erwachsene das Gefühl haben, sich von einem Druck zum Gebet befreien zu müssen, hat die Gebetserziehung ihren Sinn verfehlt.

Das sollen Kinder verstehen

Wenn Kinder »Erzählbeten« lernen, dann erlernen sie Schritt für Schritt, Gott alles zu sagen – lustige Dinge ebenso wie Situationen, in denen sie auf Gott böse sind, weil sie sich von ihm enttäuscht fühlen. Auch Bittgebete müssen nicht so formuliert sein, dass wir Gott immer alles vorschreiben, was er aus unserer Sicht zu tun hat. Dennoch ist es bei einer direkten Kommunikation wichtig, offen und deutlich miteinander zu sprechen. Dies gilt auch für das Gebet als Gespräch mit Gott.

Beten wirkt nicht wie eine »Zauberformel«, sondern es bewirkt, dass wir uns auf Gott hin öffnen, mit ihm in Beziehung treten und damit in manchem auch einen Schritt weiterkommen. Wir bekommen von Gott nicht direkt eine Antwort; aber die Konzentration auf Gott und ein bestimmtes Anliegen kann in uns Kräfte entwickeln, um selbst nach Lösungswegen zu suchen. Es ist, als ob Gott manche Gebete deswegen nicht erhört, weil wir von ihm die Gabe und Begabung mitbekommen haben, uns in dieser Welt Schritt für Schritt selbst zurechtzufinden und auf unsere innere Stimme zu hören, die uns sagt, was wir tun sollen.

Beten konzentriert uns auf das Hören auf unsere innere Stimme. Unser Gewissen sagt uns in vielen Situationen, was jetzt richtiger oder weniger richtig oder sogar komplett falsch ist.

Insofern verändert Beten sehr wohl etwas. Entweder kommt es so, wie wir es erbitten. Oder wir lernen, uns damit auseinanderzusetzen, dass es offensichtlich ganz anders kommen soll oder einfach anders gekommen ist und wir uns dazu zu stellen haben. Veränderung ist beides. Das Unveränderbare innerlich anzunehmen bewirkt ja auch eine Veränderung in uns selbst und im Zusammenleben mit anderen Menschen.

Das können wir miteinander tun

Das gemeinsame Gebet in der Familie muss alltagstauglich sein. Hierfür sind der richtige Augenblick, die richtige Stimmung und vor allem auch ein konzentrierter Rahmen wichtig. Mitten in einen Streit hinein oder nach einem abflauenden Konflikt plötzlich beten zu wollen, ist nicht stimmig. Schließlich kommt es nicht auf die Anzahl der Gebete, sondern vielmehr auf ihre Intensität, ihre Glaubwürdigkeit und vor allem auch die innere Stimmigkeit an.

Frömmelnde Allüren sind wenig hilfreich. Wenn die Kinder gerade getobt haben, vom Fußballplatz kommen oder sich gestritten haben, ist dies nicht die Situation des Betens. Am Abend kann es aber sehr wohl sein, dass wir gemeinsam mit den Kindern noch einmal um den Tisch sitzen und mit ihnen über den Konflikt sprechen – und dass sich die Kinder dann die Hand zu einem kindgemäßen Friedensgruß reichen.

Mit Kindern ist es ganz einfach, persönlich zu beten. Wenn Sie Ihrem Kind am Abend vorgelesen haben, können Sie mit ihm noch einmal auf den Tag zurückblicken, »Tagesschau« machen. Auf die Frage »Was war heute schön, was war nicht so schön?« haben Kinder fast immer einen Gedanken, den sie Gott als Gebet sagen können. Ich habe das in meiner Familie selbst erlebt. Unsere damals fünfjährige Tochter Ingrid sagte: »Lieber Gott, heute war es gar nicht schön, der Moritz hat mich gehauen, dann hab ich ihn auch gehauen. Schlaf gut lieber Gott.«

Für viele Kinder ist es ein Herzensanliegen, für die armen Kinder auf der Welt zu beten, die keinen Papa und keine Mama haben, die nichts zu essen haben, die frieren müssen oder in Hütten leben. Umso mehr sollte man auch bei den Gebeten nicht immer nur für sich selbst bitten, sondern mit den Kindern den Horizont erweitern im Blick auf die Probleme dieser Welt. Schritt für Schritt und altersgemäß auch für die Ungerechtigkeit sowie für das, was wir dagegen tun können: »Wir bitten dich auch für die armen Kinder, die nichts zu essen haben. Hilf, dass es gerechter zugeht auf der Welt.«

Kinder erleben in ihrem Alltag viele bedrückende Situationen, über die sie mit uns Eltern sprechen. Für Sie als Eltern genauso wie für Ihre Kinder wird es auch eine Entlastung sein, Bedrückendes vor Gott zu bringen und ihn um Hilfe zu bitten.

Vor allem Fürbittgebete, Gebete für die Oma, für das kleine Geschwisterkind oder für Menschen aus dem nahen Umfeld sind für Kinder eine Möglichkeit, ihre innere Verbundenheit mit den Menschen und mit Gott gleichzeitig zu realisieren.

Wenn das Kind betet: »Lieber Gott, bitte räume mir doch mein Zimmer auf«, dann ist das ein passender Anlass, darüber zu sprechen, welche Dinge wir selbst anpacken können. Man kann mit Kindern durchaus schon besprechen, dass wir uns mit all dem, was wir selbst erledigen können und müssen, nicht an Gott zu wenden brauchen. Gott hat mir Kopf und Hände gegeben, deshalb kann ich mein Zimmer in Ordnung bringen. Gott hat uns Begabungen gegeben, damit wir uns unserem Leben und der Wirklichkeit zuwenden können und unsere eigenen Kräfte entwickeln. Meine Fähigkeiten und Talente verdanke ich wiederum Gott, sodass ich ihm dafür auch im Gebet danken kann.

Von erfüllten und nicht erfüllten Gebeten

Ralf Gaus

Ich habe doch fest zu Gott gebetet, aber warum habe ich nicht die Drei in Mathe bekommen? Ist Gott sauer, weil er meinen Wunsch nicht erfüllt?

Das wissen wir dazu

Wer betet, stößt immer wieder auch an seine Grenzen. Betende spüren und erleben stets aufs Neue, dass sie einerseits in einer engen Gottesbeziehung stehen, Gott aber andererseits auch der Andere, der Fremde sein kann. Menschen, die sich in einer lebendigen Gottesbeziehung wähnen, in deren Leben sich jedoch mehrere Schicksalsschläge – wie der Tod der Mutter, der Fahrradunfall des Sohnes und eine Beziehungskrise – binnen kurzer Zeit häufen, fragen sich zu Recht, wo Gott ist. Trotz allem vertraut der Betende darauf, dass Gott ihm nahe ist und auch seine Gebete erhört, so wie Jesus gesagt hat: »Bittet, dann wird euch gegeben« (Mt 7,7). Er hofft also auf Gott, der sich von uns und unseren Sorgen berühren lässt und sein Ohr nicht verschließt. Wenn sich der Betende in einer ausweglosen Situation Gott anvertraut, ihm sagt, dass er nicht mehr weiterweiß und um seine Hilfe bittet, wird das Gebet zu einem »Prüfstein des Vertrauens«. Vor allem nicht erhörte und erfüllte Bitten, beispielsweise um die Genesung von einer Krebserkrankung, lassen Zweifel aufkommen: »Stimmt denn das biblische Gottesbild des nahen und uns Menschen zugewandten Gottes? Existiert Gott überhaupt? Bin ich auf eine Täuschung hereingefallen?« Gerade in solchen Situationen fällt es dem Betenden oft auch schwer, Gott als Du zu begreifen, das er anrufen und dem er vertrauen kann. Den betenden Menschen trifft diese geheimnisvolle und vor allem unbegreifliche Seite Gottes doppelt: Er (ver-)zweifelt nicht nur an seiner Situation (Warum trifft es gerade mich?), sondern auch an Gott selbst, von dem er sich im Stich gelassen fühlt (Warum tut Gott mir das an? Wo ist Gott?).

Die biblischen Texte beschreiben Situationen, in denen Betende das Gefühl haben, dass Gott sich von ihnen abwendet. Die Geschichte Hiobs oder die Psalmen (Ps 22, Ps 55) berichten etwa von dem Gefühl, von Gott verlassen worden zu sein, oder dass er in einer Form handelt, die der Betende nicht verstehen kann. In besonders dramatischer Weise kommt dies auch im Schrei Jesu am Kreuz zum Ausdruck – »Mein Gott, mein Gott, warum hast Du mich verlassen?« (Mk 15,34).

Eine exakte Antwort auf die grundmenschliche Frage zu geben, warum Gott die einen Gebete erhört und die anderen vielleicht nicht, wäre vermessen und ist kaum möglich. Jedoch wird in den biblischen Beschreibungen deutlich: Die Not ist für die Betenden kein Beweis, dass es Gott nicht gibt und er nicht in Beziehung zu ihnen steht. Auch wenn sie nicht begreifen können, warum ihnen dieses Leid geschieht, fühlen sie sich auch weiterhin mit Gott verbunden. In ihren Gebeten suchen sie den entzogenen Gott und fordern ihn auf, sein Versprechen einzulösen, sich ihnen wieder zuzuwenden. So betet der kranke David: »Wende dich mir zu, Herr, und errette mich, hilf mir um deiner Güte willen!« (Ps 6,5). Gleichzeitig lässt er keinen Zweifel daran, dass Gott für ihn trotz des Schweigens weiterhin heilig und verehrungswürdig ist: »Aber du bist heilig, du thronst über dem Lobpreis Israels« (Ps 22,4). Gott hält sich also nicht aus dem Weltgeschehen heraus, sondern blickt auf uns und begleitet uns in unserm Leben. Hierbei vertraut der Betende auch auf die Überlieferungen seiner Vorfahren und deren Erfahrungen mit Gott. »Dir haben unsere Väter vertraut, sie haben vertraut, und du hast sie gerettet« (Ps 22,5). Als Christen können wir nicht nur auf die Erfahrungen früherer Christinnen und Christen verlassen, sondern uns auch an Jesus orientieren. Deshalb gehen wir nicht nur davon aus, dass Gott uns in guten Stunden nahe ist. Vielmehr hoffen und glauben wir, dass er uns im größten Leiden nicht allein lässt. Auch im Sterben, im Tod und darüber hinaus ist Gott mit uns. Wir glauben, dass wir – wie Jesus Christus – am Ende unserer Tage auferstehen werden.

Damit ist der christliche Glaube von einer grundlegenden Gottesbeziehung geprägt. Jedoch auch von einer das ganze Leben dauernden Suche nach ihm. Mal ist er uns näher, mal ist er ferner. Wir leben in unserer Gottessuche und Gottesbeziehung in dieser Spannung von Nähe und Distanz. Gott ist uns nahe und doch auch der ganz Andere, der fremd und unbegreiflich sein kann.

Das hat mit uns zu tun

Im Beten steckt immer auch ein Moment des Ungewissen und des Zweifelns. Daher sehnen wir uns nach Zeichen, die eindeutig belegen, dass Gott existiert und uns hört. Für manchen ist ein erfülltes Gebet solch ein Zeichen, während ein nicht erfülltes Gebet ein eindeutiger Beleg des Gegenteils zu sein scheint. Entsprechend leicht oder schwer fällt uns dann das Beten: Je schwerer die Situation ist, in der wir Gott bitten, desto schwerer ist auch die Krise, wenn wir das Gefühl haben, dass Gott nicht da ist. Denn genau dann wollen wir Gott ja besonders spüren. Jeder, der an Gott glaubt, wird irgendwann an diesen Punkt kommen und auch zweifeln. Zweifel und Krisen gehören zu Glauben und Gebet einfach dazu. Kein Glaube kommt ohne sie aus.

Die Frage ist nur, wie wir mit ihnen umgehen. Meine Enttäuschung darüber, dass Gott meine Wünsche nicht erfüllt hat, sagt mehr über mich, mein Gebetsverständnis und mein Gottesbild aus als über Gott selbst. Demnach hat die *Ent*täuschung auch ihre gute Seite; sie macht es möglich, über unser bisheriges Gottesbild, das uns in gewisser Weise »getäuscht« hat, nachzudenken. Denn eigentlich wissen wir, dass wir nicht über Gott verfügen können, und doch haben wir uns das in gewisser Weise gewünscht. Die Gottesbeziehung, in der wir Gott als Du ansprechen können, verleitet uns auch dazu. Leicht können wir annehmen, dass Gott als unser Gesprächspartner auch unsere Bitten erfüllen muss.

Beten ist jedoch kein Tauschgeschäft oder »Wunschkonzert«. Gott ist nicht derjenige, der uns die Situation so zu schaffen hat, wie wir sie gerne hätten.

Hinter diesem Gedanken der Kosten-Nutzen-Rechnung steckt vielfach die Vorstellung, dass es in der Gottesbeziehung um Leistung gehe. Wir beten – und deshalb hat Gott die Situationen zu ändern, die wir nicht wollen. Dieses alte, grundlegende Vergeltungsprinzip kommt in der Formel »do ut des« – »Ich gebe, damit du gibst« – zum Vorschein. In der kindlichen und jugendlichen Gottesbildentwicklung ist es normal, dass es eine Phase gibt, in der das Kind glaubt, verhandeln zu können und zu müssen. Dementsprechend ist es nur verständlich, wenn das Kind Gott bittet: »Lieber Gott, ich werde jeden Tag brav sein, wenn Du mir nur die Drei in Mathe gibst.« Bei Kindern wie bei Erwachsenen verändert sich das Gottesbild noch einmal, wenn dieses Verhandeln nicht gelingt. Je stärker die Situation ist, desto mehr fordert sie mich neu heraus. Denn nun zeigt sich, ob ich – wie die biblischen Beter – weiterhin in der Beziehung mit Gott bleibe und mit Gott ringe oder ob ich mich enttäuscht von ihm abwende.

Vielleicht kann mir aber auch gerade in diesem Moment das Beten helfen. Es verändert zwar nicht meine Situation, aber meine Sicht auf die Dinge. Die Drei in der Klassenarbeit werde ich zwar nicht einfach so bekommen; durch das Beten kann mir aber deutlich werden, was ich dafür tun kann. Vielleicht geht mir jedoch auch auf, wo ich schon Hilfe erfahre, wo mir Gottes Nähe in anderen Menschen begegnet.

Das sollen Kinder verstehen

Vor allem im Beten kommt, wie in keinem anderen Teil der religiösen Erziehung, das Gottesbild des Kindes besonders zum Ausdruck. Die Aufgabe der Erwachsenen sollte es somit sein, sich mit den Kindern immer wieder auch über die Gottesvorstellungen auszutauschen. Nur so können sie Vorstellungen von Gott als dem großen Zauberer und Wunscherfüller entgegenwirken. Auch Gedanken, dass Gott etwa ein bestimmtes Verhalten belohnt und unerwünschtes Verhalten bestraft, können zerstreut werden. Gott ist kein beleidigter Buchhalter, der zur Strafe Gebete nicht erhört. Er ist und bleibt in der Beziehung zu uns, auch wenn wir das Gefühl haben, dass er anders handelt, als wir das wollen. Auch Kinder müssen schon verstehen, dass Gott nicht von außen immer direkt in die Welt eingreift und wir wie Marionetten von ihm abhängig sind. Er spielt nicht mit der Welt, wie es ihm gerade beliebt. So verhindert er nicht etwa einerseits eine Katastrophe, um dann andererseits einen Tsunami oder ein Erdbeben mit vielen Toten und Verletzten entstehen zu lassen. Das wäre das Bild eines willkürlichen, strengen und übermächtigen Herrschergottes. Dem gegenüber steht ein Gott, der es gut mit uns meint und uns heil macht. Gottes Botschaft ist Liebe: Selbstliebe, Gottesliebe und Nächstenliebe. Er ist aber auch kein Gott, der uns die Verantwortung für das Gelingen unseres Lebens abnimmt. Gott ist immer bei uns, auch in Krisensituationen, aber handeln müssen wir selbst. Als Erwachsene kommt uns hierbei jedoch die Aufgabe zu, genau hinzuhören, was sich das Kind eigentlich wünscht, wenn es mit Gott betet, und wie es diese Situation – selbst oder mit Hilfe der Erwachsenen – ändern kann. Beten mit Kindern heißt auch, sie handlungsfähig zu machen.

Das können wir miteinander tun

Was Kinder in ihrer Welt und im Gebet erleben, hat Konsequenzen für ihr Bild von Gott. Es drängt dazu, Bisheriges zu überdenken, Fragen zu klären und neue Vorstellungen zu entwickeln. Eltern können Kindern dabei behilflich sein, indem sie mit ihnen Gespräche über ihr Gottesbild und ihre Gottesbeziehung führen. Aus einem alltäglichen Zusammenhang oder einer konkreten Frage kann sich ein Gespräch entwickeln. Dabei geht es weniger darum, Antworten zu finden, als vielmehr um die gemeinsame Suche an sich:

- Kinder auffordern, ihre Vorstellungen zu beschreiben
- Gemeinsam Vermutungen anstellen: »Vielleicht ist es so, dass …«
- Kinder in ihren Vorstellungen bestärken: »Das ist ein interessanter Gedanke …«
- Kinder ihre Vorstellungen begründen lassen: »Warum ist dir das wichtig?«
- Gemeinsam Begriffe finden, die zu einem Gottesbild passen, z. B. Vertrauen, Schutz, Nähe …

Spielen Enttäuschung, Wut oder Ärger eine Rolle in der Beziehung zwischen Kind und Gott, dann kann es diese Empfindungen Gott gegenüber auch formulieren. Denn im Reden bleibt die Beziehung lebendig – und wie beim Streit kann sich Versöhnung, in diesem Fall Hoffnung auf Gottes Nähe einstellen:

- »Gott, heute bin ich sauer auf dich.«
- »Heute will ich gar nicht mit dir reden.«
- »Du hast mir ja gar nicht geholfen!«

Schlussimpuls für Eltern

Segne uns Gott

Gott
lege deinen Segen
auf mein Tun
und auf mein Lassen
damit mein Tun
damit mein Lassen
zum Segen wird
für alle Geschöpfe
dieser Welt
zum Lob des Schöpfers
Amen
(Andrea Schwarz)[5]

Vom Beten und vom Handeln

Ralf Gaus

Kann ich auch für den kranken Peter und die armen Kinder in Afrika beten? Warum hat Gott mein Gebet um gute Noten nicht erhört?

Das wissen wir dazu

Manche sehen im Gebet für andere Menschen wenig Sinn. Beten helfe genauso wenig, wie den Teller leer zu essen, damit die Kinder in Afrika nicht hungern müssen. Ihrer Ansicht nach verändert weder das Aufessen die Problematik für die Kinder in Afrika, noch hilft das Gebet anderen in ihrer Not. Stattdessen beruhige Beten das Gewissen, denn die Probleme liegen nun zur Lösung bei Gott und der Betende hat mit der Sache nichts mehr zu tun. Tatsächlich ist dies jedoch nur dann der Fall, wenn ich glaube, dass Gottes Tagesgeschäft die Lösung von Problemen und die Rettung aus der Not ist, und ich ihm entsprechende Bitten vorlegen kann.

Dabei will das Gebet, vor allem das Fürbittgebet, etwas anderes. Es geht darum, sich im Beten nicht nur um sich selbst zu drehen und von eigenen Problemen – oder denen anderer – verschont zu bleiben. Vielmehr lerne ich im inneren Dialog mit Gott, meine Beziehung zu ihm, zu mir, zu anderen und zur Schöpfung wahrzunehmen und zu verstehen. Im Gebet stellt der Mensch eine unmittelbare Verbindung zur Welt her, er stellt Fragen nach dem Warum von Leid, Elend und Tod, nach Trauer und Schmerz. Im Gebet mache ich mir die Probleme bewusst, derentwegen ich Gott anrufe, denke über sie nach, erkenne ihre Zusammenhänge und entwerfe Handlungsmöglichkeiten.

Beten holt mich aus meiner Passivität. Mir fallen nicht nur die Probleme auf, sondern auch meine Betroffenheit und meine Verstrickungen. Beten macht unruhig, da es mir vor Augen führt, wo ich noch etwas tun kann und muss. So bricht das Gebet meine Ichbezogenheit auf und bringt mich dazu, mich tatkräftig für die Schöpfung, meine Mitmenschen und die Welt einzusetzen. Dazu darf ich aber meine Verantwortung im Gebet nicht auf Gott abwälzen und ihn damit zum Erfüller all meiner Wünsche und Träume machen. Das Beten bewegt mich jedoch nur dann, wenn ich nicht pauschal, sondern konkret bete, mich und meine Gefühle mit einbeziehe und um eine Perspektive nach vorne, eventuell für mein Handeln bitte: »Lieber Gott, auf der Straße und im Fernsehen habe ich Menschen gesehen, die betteln müssen. Ich bin froh, dass ich dies nicht tun muss. Deshalb möchte ich immer wieder einen Teil meines Taschengeldes mit diesen Menschen teilen.«

Im fürbittenden Gebet für andere kommen damit meine Verantwortung und Solidarität zum Ausdruck. Im Gebet können wir Gott diejenigen Dinge anvertrauen, die wir nicht in der Hand haben, bei denen wir Hilfe brauchen. In diesem Sinne ist das Gebet Zeichen des tiefen Vertrauens auf Gott und seine Zuwendung zu uns Menschen. Es ist gerade das fürbittende Gebet, in dem Menschen zum Ausdruck bringen, dass sie nicht nur für sich allein und unbeteiligt an der Trauer und Angst anderer Menschen leben. Fürbittgebet und solidarisches Handeln gehören unmittelbar zusammen, beides trägt einander und bringt Gott in all unser Hoffen.

Das hat mit uns zu tun

Christliches Beten fordert mich mit meiner ganzen Person heraus. Beten ist unbequem. Ich kann die soziale Verantwortung nicht loswerden und mich freikaufen, indem ich statt konkret etwas zu tun lieber Gott bitte. Vielmehr nimmt mich Beten selbst beim Wort. Statt leerer Worte fordert es von mir, meinen eigenen Beitrag zu leisten und zur Lösung beizutragen. Glaube und Leben bilden eine Einheit. Als Christ bin ich auch Bürger dieser Welt und trage für sie Verantwortung.

Damit hinterfragt das fürbittende Gebet auch immer wieder meinen Glauben und mein Gottesbild. Habe ich vielleicht die bequeme Vorstellung, dass Gott alles richten wird? Dass Bitten allein als gelebter Glaube ausreicht? Bittgebete sind keine Wunschzettel. Stattdessen bieten sie mir die Möglichkeit, mich mit einem Problem oder einer Situation auseinanderzusetzen und Handlungsoptionen zu entwerfen. Hierbei werde ich an Grenzen meiner Möglichkeiten stoßen, werde erleben, dass ich nicht »allmächtig« bin. Gerade diese Grenzen und meine teilweise Hilflosigkeit kann ich vor Gott bringen. Ihn kann ich dann bitten, dass auch er seinen Teil zum Gelingen beiträgt. Unsere Aufgabe als Christen ist es weder, uns aus der Welt zu verabschieden, noch zu meinen, dass wir alle Probleme lösen können. Wir müssen das uns Mögliche leisten, um so ein Stück des Reiches Gottes schon hier auf Erden zu verwirklichen.

Das sollen Kinder verstehen

Kinder pflegen einen ungezwungenen Umgang mit Gott. Anfangs erzählen sie ihm von sich und erwarten weniger eine Lösung ihrer Probleme. Das Bittgebet kommt erst später in der Entwicklung. Als Erwachsene kommt uns dabei die Aufgabe zu, die Kinder realistisch beten zu lehren. Wenn sie anfangen, Verantwortung auf Gott abzuwälzen, erzeugt dies ein falsches Gottesbild, das zwangsläufig in die Enttäuschung führen muss, weil Gott die Gebete nicht erhört hat. Darum sollen Kinder entsprechend ihres Alters lernen, sich Gott anzuvertrauen und eigene Wünsche zu formulieren. Sie dürfen jedoch nicht erwarten, dass Gott diese zwingend erfüllen muss. Kinder können aber beim Beten überlegen, wie sie selbst aktiv werden und was sie beitragen können, dass sich die Situation ändern kann.

Das können wir miteinander tun

Ausgehend von einer Geschichte reflektieren Eltern und Kinder, wo sie in ihrem Umfeld Ungerechtigkeit, Armut, Streit oder Zerstörung wahrnehmen. Es kann überlegt werden, inwieweit jeder Einzelne von uns daran seinen Anteil hat. Welche Handlungsmöglichkeiten bestehen, um an der Veränderung und Verbesserung dieser Situationen mitzuarbeiten? Welchen Beitrag kann jeder Einzelne von uns leisten?

Die kleine Blume

Es war einmal eine kleine Blume, die stand mitten in der Wüste; war es nur eine Wüste aus Sand oder aus Stein – jedenfalls war es eine Wüste. Täglich wartete die kleine Blume auf einen Regentropfen. Immer hatte man ihr erzählt, wie wichtig und schön Regen sei. Doch wenn es wirklich nach Regen roch, kamen die Geier und fingen alle Hoffnung ab. Mit Mühe hielt sich die kleine Blume im lockeren Boden und hatte einfach Angst. Angst vor der sengenden Hitze, Angst vor der Einsamkeit, Angst vor dem nächsten Sturm. Eines Tages sah ein Kolibri ihre Traurigkeit und erzählte davon den anderen Tieren.

Der Stier hatte kein Interesse. Für ihn galt nur, was stark ist. Auch der Bernhardiner blieb kalt, ihn rührte nichts. Sein Hobby war die Langeweile. Und die Elster, die immer so große Töne schwang, sagte, sie habe zu viele Termine und wirklich keine Zeit.

Da war der Kolibri verzweifelt; denn was sollte er, ausgerechnet der Kleinste, tun? Es konnte doch nicht wahr sein, dass sich die anderen Tiere drückten! Da schwirrte er kurz entschlossen zu den Ameisen und berichtete ihnen von der großen Traurigkeit der Blume.

Ohne zu zögern, bildeten die kleinen Tiere eine lange Kette, schleppten Grassamen und Früchte zur Blume, benetzten alles ein wenig mit Tau, und es dauerte nicht lange: Da wuchs Leben mitten in der Wüste, und die kleine Blume entwickelte sich zu einem strahlenden Glanz, den ihr niemand zugetraut hatte. Und alles war nur möglich, weil der Kolibri die Ameisen benachrichtigt hatte.
(Quelle unbekannt)

Impuls:

- Welche Rolle spielt der Kolibri bei der »Rettung« der Blume?
- Wo sehen wir in unserem Umfeld »Blumen«, für die wir uns einsetzen können?
- Wir überlegen, wie wir uns für jemanden oder etwas einsetzen können und planen eine Aktion, z. B. besuchen wir die kranke Nachbarin, wir machen den ersten Schritt nach einem Streit und bitten unsere Freundin um Entschuldigung. Oder wir sammeln auf unserem Spielplatz oder entlang einer Straße gemeinsam den Müll ein, den andere dort immer wieder gedankenlos fallen lassen.

Lied: Ubi caritas

Text: Liturgie / Melodie: Jacques Berthier (1923–1994)
 (Übersetzung: Wo die Liebe ist, da ist Gott).

Gebet

Herr, mach mich zu einem Werkzeug deines Friedens,
dass ich liebe, wo man hasst;
dass ich verzeihe, wo man beleidigt;
dass ich verbinde, wo Streit ist;
dass ich die Wahrheit sage, wo Irrtum ist;
dass ich Glauben bringe, wo Zweifel droht;
dass ich Hoffnung wecke, wo Verzweiflung quält;
dass ich Licht entzünde, wo Finsternis regiert;
dass ich Freude bringe, wo der Kummer wohnt.
Herr, lass mich trachten,
nicht, dass ich getröstet werde, sondern dass ich tröste;
nicht, dass ich verstanden werde, sondern dass ich verstehe;
nicht, dass ich geliebt werde, sondern dass ich liebe.
Denn wer sich hingibt, der empfängt;
wer sich selbst vergisst, der findet;
wer verzeiht, dem wird verziehen;
und wer stirbt, der erwacht zum ewigen Leben.
(Franz von Assisi)

Schlussimpuls für Eltern

Tagesweihe

Ich leg in deine guten Vaterhände,
was du an Sorgen schickst, an Freuden schenkst.

Ich weihe dir die Meinen, die ich liebe,
damit du gnädig ihre Wege lenkst.

Ich weihe dir die Menschen, die ich führe.
Führ du sie einmal in den Himmel ein.

Ich weihe dir die Arbeit, die ich schaffe.
Lass meine schwache Hand gesegnet sein.

Ich weihe dir die Freuden des Erfolges,
in dem ich dankbar deinen Ansporn seh'.

Ich weihe dir den Ansturm der Versuchung;
gib du mir Kraft, dass ich ihr widersteh'.

Ich weihe dir mein Herz und was es einschließt.
Ich weihe dir mein Wollen, gut zu sein.

Komm, mächt'ger Vater, gib mir deinen Segen,
bleib bei mir, hilf mir, lass mich nicht allein.

Amen.[6]

Von Gott und vom Gebet in anderen Religionen

Albert Biesinger

Glauben alle Menschen, die beten, an denselben Gott? Ist der Gott, zu dem Esma und Mustafa beten, ein anderer? Gibt es nur einen Gott oder viele Götter? Wenn es nur einen Gott gibt, warum gibt es dann verschiedene Religionen? Warum falten die einen beim Beten die Hände und die anderen werfen sich auf den Boden?

Das wissen wir dazu

Wir Menschen können mit den Möglichkeiten unseres Verstandes nur begrenzt die Wirklichkeit wahrnehmen. »Gott« ist der Versuch der Menschen, Unaussprechbares, Unsagbares und eine Wirklichkeit, die unsere menschlichen Möglichkeiten weit übersteigt, in ein Wort zu fassen. Dass wir aber die Möglichkeit haben, über uns selbst hinaus zu fragen, unterscheidet uns von den Tieren. Die Zeugnisse der frühen Menschheit belegen, dass schon in den Höhlenzeichnungen vor 15 000 Jahren Menschen religiöse Symbole gemalt und sich auf ihre Weise religiöse Gedanken gemacht haben.

Konsequenterweise haben sich in den verschiedenen Kulturen auch verschiedene religiöse Suchbewegungen entwickelt. Betrachtet man diese unterschiedlichen religiösen Wege, dann stößt man auf die verschiedenartigsten Gottesvorstellungen. Da gibt es religiöse Ideen, die sehr angstbesetzt sind, bei denen die Menschen meinten, Gott Kinder opfern zu müssen. Andere Vorstellungen gehen davon aus, dass wir immer wieder neu geboren werden müssen, um zu Gott aufzusteigen. Zur Zeit Jesu glaubten die Griechen und Römer an ganz unterschiedliche Götter, beispielsweise an den Kriegsgott, den Liebesgott oder den Sonnengott. Und alle diese Götter hatten konkrete Namen, ihnen wurden Eigenschaften zugeschrieben und Tempel gebaut. Eine Zeit lang beteten die Römer ja sogar ihren Kaiser wie einen Gott an, selbst wenn er ein Verbrecher war.

Heute lächeln wir über diese Religionen. Aber unser Glaube hat sich in der Auseinandersetzung mit – teilweise auch im Gegensatz zu – den älteren Vorstellungen entwickelt. Man muss diesen Zusammenhang kennen, um diese »Revolution« zu verstehen, die der Glaube an den einen Gott Jahwe, den Gott Israels, bewirkt hat. Es ist der Glaube an *einen* einzigen Gott, der sich zudem nicht im Bild darstellen lässt und sich den menschlichen Vorstellungen immer auch entzieht. Die Menschen, die an Jahwe glauben, sollen sich gerade keine Bildnisse von Gott machen – wie etwa das Götzenbild des goldenen Kalbs. Und mehr noch: Gott sagt Abraham, dass der seinen Sohn Isaak eben nicht opfern muss. Er befreit sein Volk aus der Knechtschaft in Ägypten und erweist sich als befreiender Gott. Dieses Gottesbild ist im ersten Gebot der Zehn Gebote ausgedrückt: »Ich bin Jahwe, dein Gott, der dich aus Ägypten geführt hat, aus dem Sklavenhaus. Du sollst neben mir keine anderen Götter haben. Du sollst dir kein Gottesbild machen und keine Darstellung von irgendetwas am Himmel droben, auf der Erde unten oder im Wasser unter der Erde« (Ex 20,2–4).

Die Anfänge der Entwicklung des Glaubens an den einen Gott im Judentum reichen lediglich 2000 Jahre vor die Geburt Jesu zurück. Von heute aus betrachtet liegen die Erfahrungen der Jüngerinnen und Jünger mit Jesus als dem Sohn Gottes auch »nur« 2000 Jahre zurück. Bei der Vorstellung des jüdisch-christlichen Glaubens an den einen Gott haben wir es also mit einem sehr kurzen Zeitraum der Menschheitsgeschichte zu tun. Ganz offensichtlich hat sich in dieser Phase ein deutlicher Schritt im religiösen Bewusstsein der Menschheit vollzogen. Der Islam weist im Koran viele jüdische und christliche Anklänge, aber auch ganz erhebliche Unterschiede auf. Mohammed (geb. um 570 in Mekka, gest. am 8. Juni 632 in Medina), der den Koran als direkte Offenbarung Gottes an sich versteht, weist entschieden darauf hin, dass es nur einen Gott gibt: Allah. Judentum, Christentum und Islam verbindet also der Glaube an den einen Gott. Allerdings sind die Vorstellungen von dem einen Gott verschieden – und sie dürfen auch verschieden sein. Möglicherweise ist es so, dass Gott so völlig anders ist, dass er mit einer Vorstellung allein gar nicht geglaubt werden kann.

Das hat mit uns zu tun

Und jetzt werden Sie vielleicht fragen: An welchen Gott soll ich nun glauben? Als christlicher Theologe kann ich ohne Probleme sagen: Für mich ist der christliche Weg der wahre Weg mit Gott und zu Gott: der Glaube, dass Gott als Schöpfer die Welt erschaffen hat und auch in dieser Sekunde weiter erschafft. Dass Jesus Christus, sein Sohn, aus der göttlichen Welt gekommen ist und das Kreuz und das Leid dieses menschlichen Lebens selbst bis an das bittere Ende durchlitten hat, aber nicht im Tod geblieben, sondern auferweckt worden ist. Und der Glaube an den Heiligen Geist, der uns in dieser Welt von innen her durchdringt, uns Kraft gibt zum Weitergehen und uns vollenden wird. Der Glaube also an Gott den Vater, den Sohn und den Heiligen Geist – wie wir dies im Glaubensbekenntnis beten –, der mein Gott ist, für mich und für die Menschen.

Dass andere Menschen dies ganz anders sehen und verstehen und als jüdische Gläubige an der Klagemauer in Jerusalem oder als Muslime in den Moscheen beten, ist ihre Wahrheit und ihr Weg.

Gibt es dann gar keine gemeinsame Wahrheit? Als Christ glaube ich, dass Jesus Christus für alle Menschen am Kreuz gestorben ist; auch für diejenigen, die daran nicht glauben können. Daraus ergibt sich eine Spannung im Denken. Aber wer sagt, dass es im Blick auf Gott keine Geheimnisse und unlösbaren Vorstellungen geben darf? Sich gerade auch angesichts dieses großen Geheimnisses Gott anzuvertrauen, ist das Beste, was die Gläubigen der großen Religionen tun können.

Sehr wichtig ist es allerdings, sich religiös zu verständigen. Das heißt: Die anderen auf ihrem Weg, wie sie glauben, zu würdigen; zugleich aber das Eigene dankbar liebzugewinnen. Wer an Gott glaubt, ist mit anderen Menschen, die auch an Gott glauben, von vorneherein innerlich verbunden. Eine wichtige Leitlinie kann sein: Gemeinsamkeiten stärken, Unterschieden gerecht werden. Man sollte die Andersartigkeit auf keinen Fall vertuschen und wegradieren wollen. Möglicherweise ist gerade in diesen Divergenzen das Geheimnis verborgen. Den Unterschieden gerecht werden zu wollen, bedeutet mehr, als sie einfach missmutig in Kauf zu nehmen, weil es eben nicht anders geht oder weil es sonst zu Kriegen kommt.

Gott weint, wenn die Menschen, die an ihn glauben, sich seinetwegen gegenseitig bekämpfen, unterdrücken, verspotten oder sogar töten. Für diese Irrwege der Religionen finden wir in der Geschichte der Menschheit zahllose blutige Zeugnisse. In den Religionen selbst ist ein selbstkritischer Reinigungsprozess fällig. Es gilt, von der inneren Struktur aus zu denken, dass Gott es mit den Menschen gut meint und dass alle Menschen »Kinder Gottes« sind.

Oft freunden sich Kinder in der Schule mit Kindern anderer Religionen an. Wenn Eltern dies verhindern, wird den Kindern möglicherweise eine wichtige Lernerfahrung genommen. Und dennoch ist es wichtig, darauf zu achten, dass Kindern nicht etwa Ängste eingetrichtert werden, dass sie als »Ungläubige« in die Hölle kommen, nur weil sie Christinnen und Christen sind. Angstmachende Gottesbilder gibt es in allen Religionen. Umso wichtiger ist es, im Kontakt mit den Kindern die befreiende Nähe Gottes, die Geborgenheit in seiner Hand und vor allem auch die Hoffnung, dass mit dem Tod nicht alles aus ist, entschieden hervorzuheben und zu betonen. Andererseits ist es jedoch genauso wichtig, sich ohne Ängste mit den Anliegen und Inhalten anderer Religionen zu beschäftigen. Mehr denn je brauchen Kinder heute Kompetenzen zur religiösen Verständigung.

Das sollen Kinder verstehen

Kinder stehen im alltäglichen Dialog mit Kindern anderer Religionen. Dadurch können sie verunsichert werden. Sie sollten deshalb lernen und verstehen, dass es verschiedene Wege zu Gott gibt. Dass Menschen ganz von ihrem eigenen religiösen Weg überzeugt sein können, ohne die Religion anderer Menschen abzuwerten. Selbstbewusst Christin oder Christ zu sein ist für Kinder heute eine wichtige Fähigkeit und für uns alle eine religiöse Bildungsaufgabe.

Sich gegenseitig zu achten, wenn andere Vorstellungen über Gott ins Gespräch kommen, wenn andere anders beten und ihren eigenen religiösen Weg suchen, ist grundlegend. Wenn wir nicht wollen, dass es auch bei uns religiöse Konflikte gibt, müssen die Kinder von heute rechtzeitig lernen, den Weg der religiösen Verständigung und der gegenseitigen Achtung zu gehen. Hilfreich ist es, wenn Kinder wissen wollen und erfahren, wie andere Kinder beten. Sie beschäftigen sich dann noch einmal auf eine andere, oft interessiertere Weise mit den Gebeten der eigenen Religion. Auf diesem Wege lernen sie aber auch, dass es ernsthafte Unterschiede zwischen den religiösen Vorstellungen gibt und dass es wichtig ist, sich mit diesen Unterschieden auch auseinanderzusetzen.

Das können wir miteinander tun

Kinder sind für den interreligiösen Dialog erheblich mehr befähigt, wenn sie zu Hause eine für sie stimmige religiöse Kommunikation und Dramatik erlernen können. Wer in seiner eigenen Religion verwurzelt und beheimatet ist, muss andere Menschen mit einem anderen religiösen Hintergrund nicht herabsetzen. Vorurteile haben in der Regel solche Menschen, die sich ihres religiösen Weges unsicher sind, die sich minderwertig gegenüber anderen Menschen fühlen. Meist entsteht das Gefühl der Minderwertigkeit aber aus der gesamten Lebenssituation heraus.

Für die Kinder ist es deshalb sehr wichtig, in ihrer Familie den Weg mit Gott entdecken und gemeinsam mit ihren Eltern realisieren zu können. Dies kann über einfache Rituale gehen:

- Das Kind am Morgen, wenn es aus dem Haus geht, mit einem Kreuzzeichen auf die Stirn segnen.
- Vor dem Essen ein kurzes Dankgebet sprechen.
- Am Abend einen gemeinsamen Tagesrückblick (eine ganz persönliche »Tagesschau«) machen, der im Danken und Bitten in ein direktes Sprechen und Beten zu und mit Gott einmündet.

Im Vorleben von Toleranz, Interesse und Wertschätzung anderen Religionen gegenüber werden diese Haltungen auch in den Kindern geweckt. Konkret können Sie sich gemeinsam mit Ihren Kindern erkundigen, was in den verschiedenen Religionen wichtig ist, wie die Gläubigen denken und fühlen und wie sie ihre Religion praktizieren. Als Einstieg können Sie folgende Texte gemeinsam lesen.[7]

Wie sprechen Juden mit Gott?

Im Judentum spielt das gemeinsame Gebet eine wichtige Rolle. Zu den festen Gebetszeiten, zum Gottesdienst am Sabbat – das ist der Samstag – oder an Feiertagen treffen sie sich in der Synagoge, aber auch zu Hause wird oft gebetet. In der Synagoge sitzen Männer und Frauen getrennt, mit Blick in Richtung Jerusalem. Männer und Jungen tragen zum Gebet die Kipa, das ist eine kleine, runde Kappe, und einen Gebetsmantel, den Tallit. Am Anfang des Gottesdienstes wird die Thorarolle aus dem Schrein geholt und zum Lesepult getragen. Auf der Thorarolle sind die Texte geschrieben, die wir in der Bibel in den ersten fünf Kapiteln finden. Hauptgebet ist das jüdische Glaubensbekenntnis, das »Sch'ma Israel«. Neben den Gebeten auf Hebräisch sind außerdem die Gesänge wichtig.

Wie sprechen Christen mit Gott?

Im Neuen Testament wird erzählt, wie Jesus seine Jünger das Vaterunser lehrt. Dieses Gebet wird heute in vielen Sprachen überall auf der Welt gesprochen. Der Sonntag ist der Ruhetag der Christen, an dem die meisten von ihnen zum Gottesdienst in die Kirche gehen. Allerdings ist die »Kirche« für sie nicht nur das Haus Gottes, sondern auch die Gemeinschaft der Gläubigen. Daneben wird auch zuhause und unterwegs gebetet, allein oder gemeinsam.

Wie sprechen Muslime mit Gott?

Muslime können überall beten. Fünfmal am Tag ruft der Muezzin vom Minarett, dem Turm der Moschee. Dann unterbrechen die Gläubigen ihre Beschäftigung, waschen sich rituell, breiten einen Gebetsteppich aus und knien nieder. Beim Gebet verneigen sie sich in Richtung Mekka, sodass die Stirn den Boden berührt. Am Freitag versammelt man sich in der Moschee, was übersetzt »Ort der Niederwerfung« bedeutet. Dort wird gebetet und die Predigt des Imams gehört. Wie auch bei den Juden beten Männer und Frauen getrennt voneinander.

Spannend und aufschlussreich ist es auch zu überlegen, wo sich die nächste Moschee und die nächste Synagoge befinden, und ob Sie und ihre Kinder Juden, Muslime oder Menschen mit anderen Religionen kennen.

Vom Gebet in der Tradition
Albert Biesinger

Betet Oma anders? Warum eigentlich? Warum ist Jesus für mich gestorben, hätte er doch nicht müssen? Kann ich auch zu Maria beten? Wie kann ich vor dem Mittagessen beten, wenn ich nicht nur »Danke Gott« sagen möchte?

Das wissen wir dazu

Die Formulierung von Gebeten ist zeitbedingt. Ein Satz wie »Ich danke dir Herr Jesus Christ, dass du für mich gestorben bist, ach lass dein Blut und deine Pein an mir doch nicht verloren sein« klingt in unseren Ohren fremd. Mit Kindern würde ich dieses Gebet auch lieber nicht beten. Denn mit einem unserer eigenen Kinder habe ich folgende Erfahrung gemacht:

Wir besuchten am Sonntagnachmittag mit Gästen aus Berlin die Universitätskirche in Freiburg. Unser Sohn, gerade acht Wochen in der ersten Klasse und damit auch im Religionsunterricht, ging in die erste Bank und betet dieses Gebet. Ich wunderte mich und dachte: »Bei mir hat er das aber nicht gelernt.« Beim Hinausgehen fragte er mich: »Du Papa, warum ist der eigentlich für mich gestorben, hätte er doch nicht müssen.« Ihm war es richtig peinlich, dass Jesus für ihn gestorben ist.

Gebete offenbaren eine bestimmte Qualität der Beziehung zu Gott. Jesus ist als Sohn Gottes in diese Welt von Leid und Not gekommen, er hat das Leid dieser Welt und den Tod am Kreuz durchgemacht, um uns aus dieser Not herauszulösen, zu er-lösen – diese Argumentation lernen Kinder durch solche Gebete jedoch nicht zu verstehen. Unser Sohn hat davon vielmehr ein ganz schlechtes Gewissen bekommen. Aber genau das darf nicht passieren.

Es wird deutlich, wie sensibel Eltern sowie Lehrerinnen und Lehrer mit religiösen Vorstellungen umgehen müssen. Wir dürfen Kindern keine Gebete lehren, die sie in große Gewissensnöte oder Probleme bringen.

Wenn man mit Kindern zunächst beginnt in eigener Sprache mit Gott zu beten, kommt bei ihnen nach und nach auch das Bedürfnis auf, andere Gebete wie das Vaterunser zu lernen. Erzählgebete sind für Kinder ein guter Einstieg. Schritt für Schritt ist es ebenso eine Fortentwicklung, wenn Kinder vorformulierte Gebete wie das Vaterunser oder Tischgebete sprechen. Diese Gebete sind wie eine Grundsicherung für das eigene Beten. Gleichzeitig verbindet uns etwa das Vaterunser weltweit mit Menschen, die dieses Gebet zum selben Vater im Himmel beten. Genau dadurch werden wir in einer besonderen Weise zu Geschwistern.

Zahlreiche traditionelle Gebete wurzeln in der Bibel, sowohl im Alten als auch im Neuen Testament. Eines der Bekanntesten ist das »Sch'ma Israel« – »Höre, Israel! Jahwe, unser Gott, Jahwe ist einzig!« (Dtn 6,4). Das Volk Israel hat dieses Gebet als eine Erfahrung und eine Erkenntnis Gottes formuliert und gebetet. Solche Gebete sind wie eine gewonnene, verdichtete Beziehungserfahrung mit Gott, die in Worte gefasst wird. Dasselbe gilt für das christliche Vaterunser (nach Mt 6,9–13). Sein Text, den Jesus seine Jünger zu beten gelehrt hat, geht auf das jüdische 18-Bitten-Gebet zurück – ein schönes Beispiel für die Verwurzelung des Christentums im Judentum.

Zur Tradition der katholischen Kirche gehören auch Heiligengebete – man denke nur an Stoßgebete in Richtung des Heiligen Antonius, wenn man den Autoschlüssel wieder mal nicht findet. Oder natürlich das Ave Maria, wo es am Ende heißt: »Heilige Maria, Mutter Gottes, bitte für uns Sünder, jetzt und in der Stunde unseres Todes.« Aber wie ist denn das, beten wir damit plötzlich zum Heiligen Antonius oder zu Maria und nicht mehr zu Gott?

Die Antwort darauf ist eindeutig: Katholiken beten direkt zu Gott, die Anbetung von Heiligen ist nicht erlaubt. Dennoch ist es verständlich, dass bei Nichtkatholiken ein anderer Eindruck entsteht. Heilige sind im katholischen Verständnis Menschen, die in herausragender Weise das Evangelium vorbildlich gelebt haben; zum Teil sind sie für ihr Glaubenszeugnis sogar gestorben. Sie haben nicht Mittlerfunktion in dem Sinne, dass sie wie eine Trennwand zwischen Mensch und Gott oder als eine Brücke zwischen Mensch und Gott zu verstehen sind.

»Heilige Maria, Mutter Gottes, bitte für uns!« oder »Heiliger Antonius, hilf!« – aber was ist nun theologisch damit gemeint? Ein Beispiel: Ein Mensch ist schwer krank, Freunde besuchen ihn, und er bittet sie: »Betet für mich, ich kann euer Gebet gut brauchen.« Dies ist eine solidarische Qualität von gemeinsamer Hinwendung zu Gott. Der Unterschied: *zu* Heiligen beten oder *mit* Heiligen beten. Heilige sind Menschen, mit denen wir auch der Vergangenheit der Kirche begegnen, sie sind Beispiele für die Nachfolge der biblischen Geschichten. In der Liturgie wird darauf hingewiesen, dass wir mit ihnen zu Gott beten. Es geht keineswegs darum, eine Vermittlungsinstanz einzubauen, ohne die man sich nicht an Gott wenden kann. Vielmehr werden die Heiligen gebeten, in bleibender Gemeinschaft mit uns für andere Menschen zu Gott zu bitten.

Im Glaubensbekenntnis wird gebetet: Ich glaube an die »Gemeinschaft der Heiligen«. Im Gebet »Heilige Maria, bitte für uns« wird also nach katholischem Verständnis die Gemeinschaft der Heiligen konkret. Selbstkritisch muss die katholische Kirche sich fragen, ob durch ihre konkrete Praxis und die Formen der Heiligenverehrung bisweilen nicht zu Unrecht der Eindruck von Anbetung entsteht. Zweifelsohne sind dabei verschiedene kultische Ausdrucksformen zu hinterfragen.

Die »Gemeinschaft der Heiligen« umfasst alle Menschen, die von Jesus Christus in der Taufe zu ihm gezogen sind. Sie sind nicht tot, wenn sie gestorben sind. Sie leben bei Gott. Mit ihnen in Kontakt zu bleiben, mit ihnen zu sprechen und sie auch um ihre Hilfe und Fürbitte anzugehen, widerspricht nicht dieser kritischen Distanz, dass die letzte Vollendung lediglich aus Gott geschieht – und nicht aus menschlicher Kraft oder menschlichen Gebeten. Auch wir geben die Verstorbenen zurück in Gottes Hand.

Dass sie in Verbindung mit uns bleiben ist der tiefste Grund dafür, dass wir sie auch um etwas bitten. Ein Beispiel: der Schwerkranke, der seine Freunde bittet: »Betet für mich.« Dies ist ohne Frage theologisch richtig. Wenn aber mein Vater und meine Mutter bereits tot sind, warum soll ich sie nicht auch bitten, dass sie für mich beten? Dies setzt natürlich den Glauben voraus, dass die Verstorbenen nicht tot sind, sondern dass es eine Gemeinschaft über den Tod hinaus gibt und wir in geistiger Verbindung mit ihnen stehen. Dies hat nichts mit Totenkult zu tun, im Gegenteil. Es geht um die Verwirklichung der Kommunikation mit Lebenden.

Der andere Aspekt von Heiligenverehrung ist auf der Vorbildebene anzusiedeln. Modelle christlicher Existenz in konkreten geschichtlichen, zum Teil problematischen

Situationen wie Christinnen und Christen im Konzentrationslager, Franz von Assisi in der moralisch zerrütteten Kirche seiner Zeit oder Mutter Teresa in Kalkutta, wo Menschen auf der Straße sterben. Diese Dimension von christlichem Verhalten ist ebenso ein Teil der Heiligenverehrung.[8]

Das hat mit uns zu tun

Zu einer bestimmten Tageszeit – meist vor dem Essen oder am Abend – immer wieder ein bestimmtes Gebet zu sprechen, gibt den Kindern Halt. Sie lernen ein Gebet, auf das sie zurückgreifen können, das ihnen ein Stück Heimat bieten kann. Vielleicht kennen Sie selbst Gebete aus Ihrer Kindheit oder auch einem späteren Lebensalter, auf die sie intuitiv zurückgreifen; das können Gebete aus der Liturgie oder der Bibel sein, etwa das Vaterunser, oder ganz einfache Tischgebete wie das bekannte »Jedes Tierlein hat sein Essen …«. Es lohnt sich, diese Gebete immer wieder ganz bewusst zu sprechen: Je nach Lebenssituation oder Tageszeitpunkt kann ein bisher belangloser Satz plötzlich ein ganz eigenes Gewicht, einen spezifischen Sinn bekommen.

Mit fest formulierten Gebeten wird die Verbindung zu Christinnen und Christen vergangener Zeiten, anderer Konfessionen oder auf anderen Kontinenten fassbar: So wie ich das Vaterunser bete, tun das auch Christinnen und Christen aller Konfessionen auf der ganzen Welt in ihren jeweiligen Sprachen. Eltern können das Vaterunser gemeinsam mit ihren Kindern beten und so die Verbindung bis hin zu Jesus, der seine Jünger dieses Gebet gelehrt hat, lebendig spüren. Katholiken und Orthodoxe beten ebenfalls auf der ganzen Welt das Ave Maria.

Ganz wichtig ist es, dass Kinder auch im Gottesdienst die großen Gebete kennenlernen und sie entsprechend mitbeten können – also nicht nur mitsprechen, sondern auch verstehen. Mit Kindern die Liturgie mitzufeiern ist der intensivste Weg für die Festigung von Gebetshaltungen und auch der Erfahrung des gemeinsamen Sprechens der traditionellen Gebete. Dass diese sich ständig wiederholen, hat scinen Sinn: Wir Menschen beheimaten uns in diesen Gebeten und werden gleichzeitig in Situationen, in denen wir nicht die Kraft zum freien Beten haben, auch von ihnen getragen.

Als Notfallseelsorger komme ich immer wieder in existenziellen Ausnahmesituationen in Familien oder zu einzelnen Menschen – zum Beispiel dann, wenn eine Familie gerade die Nachricht vom Unfalltod der Tochter auf dem Heimweg von der Disco bekommen hat. In diesen schrecklichen Momenten mache ich immer wieder die Erfahrung, dass traditionelle Gebete helfen, das Schweigen zu brechen und in der Fassungs- und Sprachlosigkeit Kontakt mit den Mitmenschen und Gott aufzunehmen.

Traditionelle, fest formulierte Gebete sind eine wichtige und bereichernde Ergänzung für das persönliche, freie Gespräch mit Gott. Bekannte Gebete geben Halt in Ausnahmesituationen; die Verbindung mit anderen Betenden und der Tradition der Kirche sowie im Prozess des Verstehens der traditionellen Worte sorgt für neue Impulse.

Direkt mit Gott sprechen zu können, hilft uns in unserem täglichen Leben weiter. Kinder lernen dabei, dass sie in Gott einen persönlichen Ansprechpartner haben, an den sie sich immer wenden können. Selbst in Krankheit und Verzweiflung, in Situationen von Todesfällen im Umfeld oder anderen persönlichen Nöten können wir mit Gott im Kontakt bleiben und ihm alles sagen – auch als Klage und Anklage. Damit lernen Kinder, ihr alltägliches Leben zu reflektieren und auch sprachlich in Beziehung mit Gott zu kommen.

Es gibt aber auch vorformulierte Gebete, welche die Kinder oft aus der Schule, dem Religionsunterricht, von älteren Geschwistern oder von Verwandten kennen. Manche davon gibt es in fast allen Sprachen der Welt und sie werden, wie das Vaterunser, von Christinnen und Christen aller Konfessionen gebetet. Diese Menschen werden für uns in einer besonderen Weise Geschwister, eben weil sie zum selben Vater beten.

Vorformulierte Gebete sind außerdem wie ein »Grundwortschatz« für das eigene Beten. Weil wir sie kennen, können wir sie immer und überall sprechen. Auch und besonders dann, wenn wir so verzweifelt sind, dass uns alle anderen Worte fehlen.

Das können wir miteinander tun

Kinder erst zu lehren, in ihrer eigenen Denkform und Sprache direkt mit Gott zu sprechen, ist ein sehr praktikabler, religionspädagogisch empfehlenswerter Weg. Darauf aufbauend können Sie Ihr Kind an die traditionellen und vorformulierten Gebete heranführen.

Interview mit Oma und Opa

Um Gebete kennen und verstehen zu lernen, kann es für Kinder sehr interessant sein, Oma oder Opa (oder andere ihnen nahestehende ältere Menschen) zu befragen, wie sie als Kinder früher beten gelernt haben, welche Gebete sie kennen und wer sie mit ihnen gebetet hat. Welche Gebete sind für sie heute noch wichtig, und in welchen Situationen sprechen sie diese Gebete?

Christliche Grundgebete

Die christliche Tradition kennt zahlreiche Gebete, die – manchmal mit entsprechenden Erklärungen – für Kinder verständlich und passend sind. Das bekannteste Gebet ist das Vaterunser (Mt 6,9–13). Jesus hat es seine Jünger gelehrt. Es wird auf der ganzen Welt in vielen verschiedenen Sprachen gebetet:

> Vater unser im Himmel,
> geheiligt werde dein Name.
> Dein Reich komme.
> Dein Wille geschehe,
> wie im Himmel, so auf Erden.
> Unser tägliches Brot gib uns heute.
> Und vergib uns unsere Schuld,
> wie auch wir vergeben unseren Schuldigern.
> Und führe uns nicht in Versuchung,

sondern erlöse uns von dem Bösen.
Denn dein ist das Reich und die Kraft
und die Herrlichkeit in Ewigkeit.
Amen.

Für katholische und orthodoxe Christen ist auch das »Ave Maria« ein wichtiges Gebet. Es geht zurück auf die Anrede des Engels an Maria, als er ihr die Geburt Jesu ankündigt (Lk 1,28):

Gegrüßet seist du, Maria, voll der Gnade,
der Herr ist mit dir.
Du bist gebenedeit unter den Frauen,
und gebenedeit ist die Frucht deines Leibes, Jesus.
Heilige Maria, Mutter Gottes,
bitte für uns Sünder
jetzt und in der Stunde unseres Todes.
Amen.

Wenn Sie das Gebet mit Ihrem Kind sprechen, ist es wichtig, die unbekannten Wörter zu erklären: »Gebenedeit« ist eine alte Form für »gesegnet«; der Wortstamm ist auch im Namen »Benedikt«, »der Gesegnete«, enthalten. Außerdem sollte über für Kinder vielleicht schwer verständliche Stellen – warum beten wir für die »Stunde unseres Todes«? – gesprochen werden.

Der Morgen, das Aufbrechen aus dem Haus, die Zeit vor dem Essen und vor dem Einschlafen – diese Momente prägen und strukturieren den Tag in besonderer Weise. Für das bewusste Erleben von Rhythmen empfehlen sich freie oder vorformulierte Gebete, die dem Kind Halt und Verlässlichkeit im Tagesablauf vermitteln. Hierzu finden Sie einige Gebete am Ende des nächsten Kapitels.

Von der Art und Weise zu beten

Edeltraud Gaus

Wie kann ich beten? Hört mich Gott nur, wenn ich in der Kirche bete? Warum faltet man die Hände? Wieso beten wir vor dem Essen? Was soll ich Gott eigentlich sagen, wenn ich bete?

Das wissen wir dazu

Beten ist etwas ganz Persönliches. Jesus selbst hat sich zum Beten häufig an einen einsamen Ort zurückgezogen, um mit Gott in Beziehung treten zu können. In der Bibel findet man die Aufforderung Jesu: »Du aber geh in deine Kammer, wenn du betest, und schließe die Tür zu; dann bete zu deinem Vater, der im Verborgenen ist. Dein Vater, der auch das Verborgene sieht, wird es dir vergelten« (Mt 6,6). Dieser Satz ist gegen die Pharisäer gerichtet, die aus dem Beten eine öffentliche Darstellung machten, um gesehen zu werden. Jesus stellt dagegen klar, dass das In-Beziehung-Treten mit Gott zunächst ein Akt zwischen Ich und Du ist, ein persönliches Geschehen, bei dem der Betende in sich hineinhört, seine Gedanken und Gefühle ausdrückt und diese seinem Gegenüber anvertraut. Beten erfordert den Mut, eigene Gefühle, Gedanken, Wünsche und Fehler wahrzunehmen, sie in die Beziehung mit Gott einzubringen und auszusprechen. Dabei geht es auch um das Vertrauen darauf, dass Gott jemand ist, bei dem sich der Betende geborgen fühlt und in Sicherheit weiß. Die persönliche Bereitschaft, sich an Gott zu wenden, ist ein erster Schritt in Richtung Gebet.

Eine solche Gebetserfahrung kann allein oder in Gemeinschaft gemacht werden. Manche tun sich leichter, wenn sie allein beten. Andere tun es bewusst im Gottesdienst oder in der Familie, weil die Gemeinschaft der Ort ist, wo Menschen sich ihres Glaubens an Gott vergewissern und somit gemeinsam in Beziehung zu Gott treten. Diese Gemeinschaft wird besonders im Vaterunser deutlich, dem Gebet, das Jesus uns gelehrt hat: Sie erweist sich als eine Gemeinschaft, welche die Menschen vor Ort und die Christenheit im Ganzen verbindet.

Beten braucht geeignete Umstände. Neben dem richtigen Ort sind auch passende Zeiten zu suchen: Im Verlauf des Jahres bietet sich besonders der Advent oder die Fastenzeit an, um entweder wieder neu die Beziehung zu Gott zu pflegen oder sie zu intensivieren. Regelmäßigkeit ist für ein gelingendes Gebet sehr hilfreich; es empfiehlt sich, für das Gebet eine feste Zeit im Tagesablauf zu wählen, beispielsweise am Abend vor dem Einschlafen oder in der ersten Stunde am Morgen. Das kirchliche Stundengebet, wie es Ordensleute und Priester morgens und abends beten, kann helfen, den Tag mit dem Gebet zu umrahmen und so das ganze Denken und Tun des Tages in einen festen Rhythmus einzuordnen. Wichtig ist, den Zeitpunkt und die Häufigkeit nach den eigenen Bedürfnissen zu wählen.

Beten ist meist mit begleitenden Zeichen und bestimmten Haltungen verbunden, die den Körper äußerlich auf das Gebet einstellen und eine entsprechende Sammlung und Konzentration ermöglichen. Mit dem Kreuzzeichen zu Beginn und zum Abschluss des Gebetes macht der Betende deutlich, dass er Christ ist, und bekennt so in Kurzform den Glauben an den dreieinigen Gott. Zugleich ist es eine Geste, die das Gebet eröffnet und abschließt.

Die Haltung der Hände beim Gebet kann ganz unterschiedlich sein: Gefaltet, die Handflächen aneinandergelegt oder zum Himmel erhoben drücken sie immer Ehrfurcht aus und spenden Ruhe und Konzentration. Körperhaltung und -sprache stehen in Zusammenhang mit dem inneren Erleben und Empfinden des Betenden: Im Sitzen drückt der Betende aus, dass er sich Zeit nimmt und sich sammeln will. Er ist bereit zu hören, was Gott ihm zu sagen hat. Im Stehen drückt sich aus: »Gott, ich stehe vor dir. Sieh mich an. Ich will dein Wort annehmen und in die Tat umsetzen.« Im Knien oder in der Verneigung kommen eine intensive Bitte und die Unterwerfung unter Gottes Willen zum Ausdruck: »Gott, ich bin klein vor dir, höre mein Gebet!« Diese Ausdrucksformen des Betens sollte sich der Betende in ihrer Bedeutung immer wieder bewusst machen. Letztlich sind jedoch auch viele andere Gesten denkbar. Wichtig ist dabei, dass eine äußere Haltung die innere Haltung unterstützt und beide sich gegenseitig entsprechen.

Ein Gebet kann auf ganz unterschiedliche Weise zum Ausdruck gebracht werden. Die gängigste Form ist das gesprochene Gebet, entweder frei formuliert oder unter Verwendung von Gebetsformeln. Ebenso sind Formen des Singens, Tanzens, Musizierens oder Schweigens, des künstlerischen Gestaltens, des Handelns oder des geistigen Verstehens denkbar. Auch hier sollen jedoch äußere Form und innerer Ausdruck stimmig sein. Letztlich kann sogar das eigene Leben zum Gebet werden, nämlich dann, wenn der Mensch in der Gegenwart Gottes lebt und sein Denken und Handeln aus seiner Gottesbeziehung inspiriert ist. Auf diese Weise fordert und fördert das Gebet eine aufmerksame und verantwortliche Lebenshaltung.

Wichtig ist auch die Vorbereitung des Gebets: Es ist hilfreich, nicht ins Gebet hineinzuhetzen, sondern sich vor dem Gebet in Ruhe zu sammeln und die gewählten gebetsvorbereitenden Zeichen und Rituale aufmerksam zu vollziehen – beispielsweise bewusst in den Gebetsraum als Ort Gottes eintreten, den Gebetsplatz aufsuchen, sich (mit Weihwasser) bekreuzigen, auf den eigenen Atemrhythmus achten, eine Kerze als Symbol für Christus anzünden, eine Kniebeuge oder Verneigung machen. Zur inneren Sammlung führt ein aufmerksames Wahrnehmen des eigenen Leibes, Schritt für Schritt. Eine der wichtigsten Hilfen, um ein Bewusstsein für den Körper zu bekommen, ist das Atmen. Zum einen verhilft es dazu, den Geist zu sammeln, zum anderen fördert es die seelische Entspannung. Dieses Körperbewusstsein, das leibhaftige Gegenwärtigsein, kann dann entschieden zu einem *Ganz-da-Sein* für Gott werden. In dieser inneren Ruhe und Stille kann echte Begegnung stattfinden. Für den Betenden ist es so möglich, in sich hineinzuhorchen, sich selbst zu erforschen und sich für das Gespräch mit Gott zu öffnen. Es gibt ihm die Chance, sich selbst wahrzunehmen und auf andere Weise zu erleben. Der betende Mensch kann die Dinge mit anderen Augen sehen und in ihrer anderen Dimension wahrnehmen lernen. Es findet ein Dialog mit Gott statt, durch den der Betende lernt, sich selbst sowie seine Beziehung zu Gott, zu den Mitmenschen und zur Welt besser zu verstehen, um dann einen verantwortungsvollen Umgang in diesen Beziehungen zu finden.

Das hat mit uns zu tun

Das Beten hat mit unserem Innersten zu tun. Besteht der Wunsch, sich dem Beten vertiefend oder von neuem anzunähern, geht es zunächst darum, das eigene Leben bewusst anzuschauen. Im Gebet äußert sich das Bedürfnis,

Gott im (eigenen) Leben zu suchen und es von Gott her zu gestalten. Damit gehören Gebet und eigenes Leben zusammen. Sehnsüchte und Hoffnungen können hier offen angesprochen werden. Mit dieser Gebetshaltung entwickelt sich eventuell auch außerhalb des Gebets ein Gespür, bewusst den Augenblick zu leben, sich wie im Gebet in eine Tätigkeit zu vertiefen und so zufriedener und glücklicher zu leben. Das Gebet ist der Raum, in dem Gefühle wahrgenommen und offen ausgesprochen werden können. Hier kann auch zur Sprache kommen, was im eigenen Leben belastet. Indem Belastendes benannt werden kann, steht es im Raum und man kann versuchen, anders damit umzugehen. Wenn man es im Gebet vor Gott trägt, wird dieses »geteilte Leid« auch von ihm angeschaut, und gegebenenfalls gelingt es, Schwierigkeiten mit mehr Gelassenheit zu betrachten – weil mit der Zeit neu erfahren wird, dass zum Leben Höhen *und* Tiefen gehören und dass es trotz allem lebenswert ist.

Eine Annäherung an das Gebet findet auch in der Reflexion über eigene Bedürfnisse hinsichtlich der Gebetssituation statt. Jeder klärt für sich selbst, welche äußeren Umstände für ihn wichtig sind: Wie bete ich? Welche Gebetsorte inspirieren mich? Zu welchem Zeitpunkt am Tag, in der Woche, im Jahr kann ich mich ungestört auf ein Gebet einlassen? Welche Gebetsart ist für mich passend? Welche Gebetsform? Fällt es mir leicht, frei zu formulieren, oder sind vorformulierte Gebete und Meditationen hilfreich für mich? Bete ich lieber für mich allein oder halte ich Beten in Gemeinschaft für die angemessenere Form? Sind die Antworten auf diese Fragen klar, geht es darum, für die entsprechenden Voraussetzungen zu sorgen und den Rahmen für das Gebet zu schaffen. So werden die eigenen Verhaltensweisen (im Gebet) neu mit Leben erfüllt.

Für Kinder ist Beten auch eine religiöse Sprachschule. Die wenigsten von ihnen erwerben heute noch einen religiösen Sprachschatz, mit dem sie ihre Erfahrungen ausdrücken können. Wenn Kinder keine Worte mehr für diese Erfahrungen haben, dann verkümmert ihr religiöses Erleben. Und zugleich ist gerade die Kindheit eine wichtige Zeit, in der sie lernen, Äußeres wahrzunehmen und für sich zu deuten. Wenn ein Kind seine Mama sieht, dann lernt es die Person der Mutter, seine Gefühle und Emotionen mit dem Wort »Mama« zu verbinden. Im Bereich des Religiösen sind Kinder herausgefordert, Ausdrucksformen für das »Nichtfassbare« zu entwickeln: Kinder sollen Gott bezeichnen lernen. Einen Gott, von dem wir glauben, dass er immer da ist und sein wird, den wir aber unmittelbar weder sehen noch fassen können. Gerade beim Beten oder in religiösen Gesprächen oder Geschichten lernen Kinder, Worte für Gott zu finden.

Das sollen Kinder verstehen

Kinder fragen nach Gott. Sie haben ein natürliches religiöses Interesse. Genau wie die Erwachsenen. Sie wollen wissen, ob er sie beschützt, wo er wohnt und wie man zu ihm spricht. Diese einfachen Fragen gehören zur Entwicklung der Kinder, die unsere Welt entdecken und verstehen wollen. Kinder lernen Religion und damit auch das Beten durch das Tun. Regelmäßige Gebete mit den Eltern haben Beispielfunktion und regen Kinder zum Sprechen mit Gott an. Wichtig ist es hierbei, auf eine natürliche und kindgerechte Sprache zu achten. Kinder erfahren durch die Du-Anrede, dass Gott jemand ist, mit dem es sich zu sprechen lohnt, der immer da ist und dem sie ihr Leben und alles, was sie bewegt, erzählen können. Gott ist sogar jemand, zu dem man reden kann, wenn die Erwachsenen einen nicht verstehen.

Auch für Kinder kann es entlastend und hilfreich sein, zu wissen, dass man nie allein ist: Gott ist da, zu ihm kann ich beten, mit ihm kann ich reden, er ist Teil meines Lebens. Letztlich ist das gemeinsame Beten im Kindesalter eine Befähigung für die Kinder, die Welt genau wahrzunehmen und diese Wahrnehmungen besser zum Ausdruck bringen zu können. Sie erfahren, dass Beten etwas ist, bei dem sie ihr eigenes Leben, d. h. ihre persönliche Erlebnis- und Erfahrungswelt, zur Sprache bringen und damit auch ordnen können. Indem sich das Kind Gott anvertraut, macht es die Erfahrung, dass es sich bei ihm geborgen fühlen kann – aber auch, dass er manchmal unerreichbar und weit weg und vor allem nicht der rettende Macher und große Erfüller von Wünschen ist. Als Grundvorstellung sollte Gott einerseits als Freund und Vertrauter vermittelt werden, andererseits aber auch als derjenige, der anders und letztlich nicht zu vergleichen ist mit dem, was auf der Welt existiert.

An die äußeren Zeichen des Gebetes und der Gebetshaltungen sollten Kinder langsam herangeführt werden. Das Kreuzzeichen werden sie schnell nachahmen, dessen Aussage über den christlichen Glauben an einen dreifaltigen Gott aber lange nicht verstehen. Die gefalteten Hände als Ausdruck von Konzentration und Stille können Kinder sicherlich schon erfassen, es sollte aber nicht unbedingt von ihnen abverlangt werden. Grundsätzlich gilt, dass Kinder die Gebetserfahrung als etwas Schönes und Wertvolles erleben sollen und der Rahmen des Gebets sich immer an den kindlichen Bedürfnissen orientiert.

Wie kann ich mit meinem Kind beten? – Neun Empfehlungen

1. Das Gebet soll kindgerecht sein.

Wenn wir beten, treten wir mit Gott in Beziehung. Kinder bringen darin ihre Alltagserlebnisse und ihre Anliegen vor Gott und vertrauen sich ihm an. Deshalb sollte das Gebet kindgemäß sein und ihre inneren Bedürfnisse zum Ausdruck bringen. Das Kind beschreibt in seinen Worten, in seiner Sprache, was es momentan bewegt: »Du, guter Gott, heute war ein schöner Tag.« (Das Kind erzählt.) »Danke, Gott, dass Du immer bei mir bist. Amen.«

2. Im Gebet soll der Alltag zur Sprache kommen.

Es ist völlig in Ordnung, wenn Kinder mit Gott so reden, wie sie es sonst auch tun. Denn Gott ist auch im Alltag da. Bereits formulierte Gebete können da eingesetzt werden, wo es schwerfällt, frei zu sprechen.

3. Das Gebet soll vom Kind verstanden und persönlich nachvollziehbar sein.

Deshalb ist es besser, auf Gebetsformeln (z. B. »Lieber Gott mach mich fromm, dass ich in den Himmel komm«) und Floskeln (»gutes Jesulein, liebe Engelein«) zu verzichten, die oft unverständlich, verniedlichend und lebensfern sind.

4. Im Gebet hat alles seinen Platz.

Neben Lob und Dank haben auch Bitte und Leid einen festen und natürlichen Platz im Gebet. Dabei ist es wichtig, Kindern zu vermitteln, dass Gott nicht der große Zauberkünstler ist, der alles richten wird. Deshalb ändert Beten *allein* die Situation nicht. Gott ist auch nicht der, der alles notiert und irgendwann dafür bestraft. Er ist, wie Jesus es gezeigt hat, der gute und liebende Gott.

5. Das Gebet drückt das Vertrauen auf Gottes Dasein und Hilfe aus.

Im Gebet spricht das Kind zu Gott wie zu einer vertrauten Person. Und so darf es alles in Worte fassen, was es bewegt.

6. Das Gebet soll als etwas Schönes und Wertvolles erlebt werden.

Im Gebet kommt die Liebesbeziehung zwischen Mensch und Gott zum Ausdruck. Das Kind soll erfahren, dass es von Gott angenommen ist, so wie es ist – und genauso wie es von den Eltern geliebt wird. Eltern können deshalb mit ihren Kindern über ihre gegenseitige Wertschätzung und Beziehung ins Gespräch kommen. Sie können sich über ihre persönliche Gottesvorstellung und das, was sie wertvoll finden in ihrer Beziehung zu Gott, austauschen. Dies sind für das Gebet förderliche Gespräche.

7. Das Gebet ist keine Erziehungshilfe.

Es ist nicht sinnvoll, wenn Sie ihr Kind beten lassen: »Mach, dass ich morgen ganz lieb sein werde.« Vielmehr soll das Gebet Freiraum und ein Ort für Erlebtes auch ohne Bewertung sein können.

8. Das Gebet verbindet.

Genauso wie sie als Familie gemeinsam leben, können sie auch gemeinsam beten. Überlegen sie sich als Familie, zu welchen Zeiten Sie mit ihren Kindern gemeinsam beten können z. B. bei den Mahlzeiten, am Feierabend oder an Festtagen.

9. Das Gebet soll lebendig bleiben.

Sorgen Sie für Abwechslung, damit das, was sie (regelmäßig) beten, nicht gedankenlos und aus Gewohnheit dahergesagt wird. Beispielsweise kann jedes Familienmitglied abwechselnd ein Gebet heraussuchen oder selbst formulieren.

Das können wir miteinander tun

Jeder Tag, jede Woche lässt sich mit immer wiederkehrenden Gebeten strukturieren. Gerade wenn das Gebet keine Sonderrolle im Leben einnimmt, sondern fest im alltäglichen Tagesablauf integriert ist, erfahren Kinder, dass Gott und sein Segen immer bei uns sind.

Morgengebet

Mit einem gemeinsamen Morgengebet kann noch im Bett oder am Frühstückstisch der neue Tag begrüßt werden. In diesem Gebet können der Dank für die Nähe Gottes und die Zuversicht auf seine Begleitung über den Tag besonders zum Ausdruck kommen.

O Gott, du hast in dieser Nacht
so väterlich für mich gewacht.
Ich lob und preise dich dafür
und dank für alles Gute dir.
Beschütze mich an diesem Tag,
dass mir nichts Böses geschehen mag.
(Volksgut)

Ein freudenvolles Morgengebet aus Afrika:

Herr, ich werfe meine Freude
wie Vögel an den Himmel.
Die Nacht ist verflattert,
und ich freue mich am Licht.
So ein Tag, Herr, so ein Tag.
Herr, ich freue mich an der Schöpfung.

Und dass du dahinter bist
Und daneben und davor
Und darüber und in uns.

Segensgebet

In besonderen Situationen, aber auch beispielsweise beim täglichen Aufbruch in den Kindergarten helfen Gebete, dem Tag einen Rhythmus zu verleihen und dem Kind die Gewissheit zuzusprechen, dass Gott immer mit uns ist. Dieser Segen kommt etwa in folgenden Gebeten besonders zum Ausdruck:

> Der Herr segne und behüte uns.
> Er lasse sein Angesicht über uns leuchten
> und sei uns gnädig.
> Er schaue auf uns und
> schenke uns seinen Frieden.
> (Nach Num 6,24–25)

Tischgebet

Beim Beten vor dem Essen können Sie mit Ihren Kindern verschiedene Gebete erproben. Mit einem Gebetswürfel, mit Gebetskärtchen oder aber mit einem freien Gebet, das beispielsweise so klingen kann:

> Lieber Gott wir danken Dir, dass du uns mit diesem Essen am Leben erhältst. Wir wissen, dass nicht alle Menschen genug zu essen haben. Auch an sie denken und für sie bitten wir.

»Klassiker« unter den Tischgebeten sind auch:

> Alle guten Gaben,
> alles, was wir haben,
> kommt o Gott von dir,
> wir danken dir dafür.
> (Volksgut)

> Jedes Tierlein hat sein Essen, jedes Blümlein trinkt von dir, hast auch unser nicht vergessen, lieber Gott wir danken dir.
> (Volksgut)

Abendritual

In ihrer Wiederholbarkeit geben Rituale Kindern Sicherheit und Verlässlichkeit. Gerade am Abend vor dem Zu-Bett-Gehen, wenn der Tag verabschiedet wird, kann mit Hilfe eines Rituals ein guter Übergang zur Nachruhe geschaffen werden. Kinder stellen sich dann besser und leichter auf die Nacht ein.

Hier finden Sie ein paar Vorschläge und Anregungen für die Gestaltung einer solchen festen Einrichtung im Tagesrhythmus am Beispiel eines Abendrituals. Jede Familie ist anders, und so geht es letztlich darum, die zu ihnen passenden Rituale zu finden. Haben Sie Mut!

Achten Sie auf eine Atmosphäre der Ruhe und Entspannung. Dazu überlegen Sie sich, welcher Ort (Wohnzimmer/Sofa oder Kinderzimmer/Bett) und welcher Zeitpunkt (vor/nach dem Essen, bevor/nachdem der Schlafanzug angezogen wurde …) geeignet sind. Wie kann dieser Ort gestaltet werden (evtl. eine Kerze entzünden, ein Bild aufstellen …)?

Folgende Elemente sind denkbar und frei kombinierbar:

- Ein Abendlied singen, das Vertrauen und Geborgenheit ausdrücken und so zum Gebet werden kann – als ein solches Lied eignet sich beispielsweise »Von allen Seiten umgibst du mich«, das auf Seite 168 f. abgedruckt ist.
- Ein Gespräch mit dem Kind über den vergangenen Tag führen und diesen Tag loslassen und Gott anvertrauen, etwa mit dem Satz »Und jetzt geben wir den Tag, mit allem, was war, in Gottes Hand zurück.«
- Eine biblische Geschichte aus einer Kinderbibel oder eine andere Geschichte vorlesen und darüber sprechen.
- Ein Gebet sprechen. Anschließend zeichnen die Eltern den Kindern das Kreuzzeichen auf die Stirn »Schlafe nun gut. Im Namen des Vaters und des Sohnes und des Heiligen Geistes.« Dies kann noch verbunden werden mit dem Segnen des Kindes »Gott, der Herr, segne dich und beschütze dich, er schenke dir eine erholsame Nacht, damit du morgen früh gesund und munter aufwachst.«

Das gemeinsame Gebet beim Abendritual kann frei formuliert sein oder in Form eines wiederkehrenden Gebets gesprochen werden:

> Bevor der Tag zu Ende geht,
> spreche ich mein Nachtgebet.
> Danke Gott für jede Gabe,
> die ich heute empfangen habe.
> Ich bitte Gott für diese Nacht,

dass er mich im Schlaf bewacht.
Dass kein böser Traum mich weckt,
und das Dunkle mich nicht schreckt.
Und kommt der helle Morgenschein,
lass mich wieder fröhlich sein.
(Unbekannter Verfasser)

Lied: Von allen Seiten umgibst du mich

2. Dass ich wachse, blühe, reife, dass ich lerne und begreife, bist du, Gott, bei mir. Dass ich finde, wenn ich suche, dass ich segne, nicht verfluche, bleibst du, Gott, bei mir. Von …

3. Wo ich sitze oder stehe, wo ich liege oder gehe, bist du, Gott, bei mir. Dass ich dein bin, nicht verderbe, ob ich lebe oder sterbe, bleibst du, Gott, bei mir. Von …

(Text: Eugen Eckert / Melodie: Torsten Hampel © Strube Verlag, München-Berlin, aus 2-CD »Zweifach«, www.habakuk-musik.de)

Weitere Möglichkeiten von Gebet und Meditation

Beten kennt keine Grenzen – und religiöse Riten in der Familie können Gebete an wichtigen Ereignissen oder der gemeinsame Gottesdienstbesuch sein. Und zugleich können auch Phantasiereisen und Stilleübungen Kinder und Erwachsene dazu einladen, ihre Freude und Hoffnung, ihre Trauer und Angst vor Gott zu bringen.

Schlussimpuls für Eltern

Als mein Gebet immer andächtiger
und innerlicher wurde,
da hatte ich immer weniger und weniger zu sagen.
Zuletzt wurde ich ganz still.
Ich wurde, was womöglich ein größerer Gegensatz
zum Reden ist,
ich wurde ein Hörer.
Ich meinte erst, Beten sei Reden.
Ich lernte aber,
dass Beten nicht nur Schweigen ist,
sondern Hören.
So ist es: Beten heißt nicht,
sich selbst reden hören,
beten heißt still werden und still sein
und warten, bis der Betende Gott hört.
(Søren Kierkegaard)

TEIL 3

WARUM MÜSSEN WIR STERBEN?

Vom In-die-Welt-Kommen,
Leben und Sterben
Albert Biesinger

Warum kommt man überhaupt auf die Welt, wenn man eh wieder sterben muss? Mama, alle Menschen müssen sterben, aber Papa und du und ich bleiben immer hier. Will Gott, dass ich sterbe oder andere Kinder? Ich will immer brav sein, damit Mama nicht sterben muss! Warum können wir den Tod nicht verhindern?

Das wissen wir dazu

Wir müssen sterben, weil wir in eine Welt hineingeboren werden, die aus Materie besteht und die sterblich ist. Pflanzen und Tiere haben ein Ende, und auch wir Menschen sind bereits ab dem Zeitpunkt unserer Geburt auf den Tod hin programmiert: Jeden Tag sterben in uns Zellen ab und neue Zellen bilden sich, die später wiederum absterben.

Wer in dieser stoffgebundenen Welt ins Leben kommt, geht diesen Weg. Man kann sich natürlich fragen, ob es sich dann lohnt, überhaupt geboren zu werden. Aber danach werden wir nicht gefragt. Meine Eltern konnten mich nicht fragen, ob ich in diese Welt kommen möchte. Sie wurden von ihren Eltern auch nicht gefragt und konnten auch nicht gefragt werden. So bleibt unsere Entstehung immer ein Geheimnis, unverfügbar. Am Anfang unseres Lebens sind immer ein Vater und eine Mutter, die uns ins Leben rufen. Sie wissen nicht, wer wir als ihre Kinder sein werden und wie wir uns entwickeln. Auch für sie bleibt unser Leben ein geheimnisvoller Anfang.

Will man dem eigenen Sterben und Tod entgehen, dürfte man gar nicht in diese Welt kommen. Ohne Sterben und Tod geht Leben nicht.

Wenn man sich vorstellt, dass wir Menschen für ewig hier auf dieser Erde leben und bleiben – undenkbar und möglicherweise auch nicht wünschenswert. – Oder doch?

Die Sehnsucht nach Ewigkeit und die Idee, dass mit dem Tod nicht alles aus sein kann, die Sehnsucht nach einem Leben für immer, ist tief in uns eingeschrieben. Viele Kinder fragen, warum man überhaupt auf die Welt kommt, wenn man doch sowieso wieder sterben muss. Dies ist der Kern der Frage nach Leben und Tod. Der christliche Glaube gibt uns darauf Antworten:

- Wir kommen in diese Welt, weil Gott wollte, dass wir in diese Welt kommen.
- Wir kommen auf diese Welt, weil wir von Gott eine Aufgabe für unser Leben bekommen haben, die wir Schritt für Schritt entdecken können.
- Wir kommen in diese Welt, weil Gott mit jedem neuen Menschen seine Liebesgeschichte mit dem Universum und der Menschheit weiter schreibt und gestaltet.
- Wir kommen auf diese Welt, damit wir als Person, als einzigartiger Mensch, Gott ein Gegenüber sind und wir uns auf die Beziehung mit ihm einlassen können.

Deswegen ist es interessant, den Übergang aus diesem Leben in das Leben nach dem Tod einmal aus einer anderen Perspektive zu betrachten: So sagte mir ein weiser alter Mönch auf dem Berg Athos: »Ich werde nicht mehr lange auf dieser Erde leben. Meine Schwangerschaft für meine Geburt hinein in den Himmel ist bald zu Ende.«

Wenn wir unser jetziges Leben als »Schwangerschaft« für unser zukünftiges Leben verstehen, den Tod als Bruder und Schwester annehmen, die uns wie Geburtshelfer hinüber begleiten in die ewige Beziehung mit Gott, gewinnen Sterben und Tod eine neue Bedeutung.

Kinder – das kann man anhand ihrer Äußerungen gut belegen – gehen davon aus, dass andere Menschen zwar sterben, Papa und Mama aber nie. Wenn jemand in der Familie überhaupt einmal stirbt, dann ist dies vielleicht der Opa oder die Oma. Das Kind glaubt, dass es selbst oder andere Kinder nicht sterben. Diese Vorstellung muss man Kindern nicht nehmen; sie lernen ja im Laufe des Lebens dazu und verändern selbst Schritt für Schritt ihre Auffassung von Sterben und Tod.

Für Kinder ist es wichtig, immer beieinander bleiben zu dürfen. Wenn man ihnen sagt, dass sie den verstorbenen Opa oder das verstorbene Geschwisterchen im Himmel wiedersehen und ihm begegnen, ist das für sie der eigentliche Trost. Kinder haben erstaunliche Vorstellungskraft und bleiben mit den verstorbenen Angehörigen oft unbeschwerter verbunden als die Erwachsenen.

Die Antwort auf die Frage, ob Gott will, dass wir sterben, ist von der Wahrnehmung der Realität abhängig. Gottes Schöpfung ist eindeutig so strukturiert, dass alles, was ins Leben kommt, auch den Tod erlebt. Pflanzen, Tiere, auch ganze Landschaften sterben. Werden und Vergehen ist ein inneres Prinzip der Evolution, nach dem Gott das Universum und damit auch unsere Erde, unsere Umgebung, unser eigenes Leben geschaffen hat.

Um das Faktum des Sterbens und die Frage, was von uns bleibt, kommen wir nicht herum. Sie ist im Christentum eindeutig beantwortet: Ihr werdet über den Tod hinaus leben. Seid ohne Sorge. Gott rettet euch aus dem Tod – so wie er seinen Sohn Jesus Christus gerettet hat. Gott hat uns so erschaffen, dass wir durch den Tod hindurchgehen müssen; der Tod ist aber für Menschen Verwandlung und neues ewiges Leben mit ihm – in anderer Weise, als dies auf dieser Erde für uns möglich ist.

Gott will, dass ich lebe. Nicht nur auf dieser Erde, sondern für immer bei ihm, in seiner Nähe in der göttlichen Welt. Um ewig mit Gott leben zu können, müssen wir auf dieser Erde sterben. Hier können wir nicht ewig bleiben.

Aus vielen Kinderinterviews erfährt man, dass Kinder sich nicht vorstellen können, selbst zu sterben. Aber das müssen sie auch nicht können. Sie sind ja erst ins Leben gekommen und merken, wie sie immer mehr dazulernen und immer größer werden. Sie sind im Wachstum ihrer Persönlichkeit. Man muss sie nicht dauernd an das Sterben erinnern. Das kommt ihnen ohnehin jeden Tag über weltweite und nahe Konflikte ins Bewusstsein. Sind Kinder allerdings mit dem Tod anderer Kinder konfrontiert, kann dies zu Verunsicherung führen. Kinder nehmen dann wahr, dass auch ein noch junges Leben durch den Tod beendet werden kann. Sie beginnen zu ahnen: Wenn dieses Kind sterben musste, dann besteht die Wahrscheinlichkeit, dass auch ich eines Tages sterben werde. Hier kommt es ganz wesentlich auf die Qualität der Begleitung an. Häufig gibt es medizinische oder andere Gründe für den Tod eines Kindes, der den Kindern erklärt werden kann. Trotzdem gilt es dann, die Verunsicherung oder Angst des Kindes vor dem eigenen Tod im Blick zu haben und das Leid und die Trauer über das verstorbene Kind auszuhalten und mitzutragen. Dass auch Kinder sterben, gehört leider ebenfalls zur Realität und Logik des menschlichen Lebens. Glücklicherweise gehen Kinder aber auch mit dem Tod anderer Kinder unkomplizierter um als Erwachsene. Auch hier können sie die Verbindung mit dem verstorbenen Kind leichter halten und in ihren Alltag integrieren.

Wie Kinder tun auch wir Erwachsenen gut daran, nicht jeden Tag auf den Tod fixiert zu leben, sondern uns vielmehr dem jetzigen Leben zu öffnen. Unser Leben bekommt, wenn wir es schätzen und würdigen, gerade angesichts des Todes eine neue Qualität: Wir können dem Leben nicht mehr Tage, aber wir können den Tagen mehr Leben geben.

Das sollen Kinder verstehen

Es ist und bleibt ein Geheimnis, warum wir wann und wo in diese Welt kommen und Mensch werden. Unsere Eltern sind unsere Wegbegleiter ins Leben, aber auch sie brauchten Begleiter und Begleiterinnen, um selbst ins Leben zu kommen.

Um dieses Geheimnis zu verstehen und nachzuvollziehen, brauchen wir ein ganzes Leben – und das Sterben.

Wir sind eingeschrieben in die Hand Gottes, haben also unsere tiefsten Wurzeln nicht nur in unseren Eltern- und Großeltern, sondern letztlich in Gott selbst. Dies gibt uns eine tiefgründige Geborgenheit und Beheimatung.

Schritt für Schritt sollen Kinder verstehen, dass zu unserem Leben auf dieser Erde das Sterben unbedingt dazugehört und dass wir uns damit zu beschäftigen haben.

Das hat mit uns zu tun

In unserer näheren oder weiteren Umgebung sterben Menschen. Es gehört zu einem verantwortlichen und bewussten Leben, sich damit auseinanderzusetzen und dies nicht zu verdrängen. Der im Christentum verwurzelte Glaube daran, dass der Tod die Verwandlung hinein in das ewige Leben mit Gott ist, kann bei Kindern Ängste abbauen, die sie sonst möglicherweise beeinträchtigen.

Wichtig ist, dass ein sensibler Prozess der Auseinandersetzung stattfindet: keine schockierenden Bilder, in der Sprache vorsichtig Hoffnung weckend.

Wenn etwas auf dieser Welt mit uns zu tun hat, dann die Tatsache, dass wir nur eine begrenzte Zeit auf dieser Erde sind, dass wir uns zu überlegen haben, welche Aufgabe und welchen Platz wir während unserer Erdenzeit in dieser konkreten Region mit diesen konkreten Menschen haben.

Das können wir tun

Wenn Bilder oder Situationen von Sterben und Tod im Umfeld der Familien auftauchen – über Medien, Sterbefälle in der näheren Umgebung, in der Schule oder in der Gemeinde –, ist dies der eigentliche Zeitpunkt des Gesprächs und des Austauschs miteinander.

Dieses Thema bewusst an Kinder heranzutragen, ist unnötig. Sie verstehen in konkreten Anlässen, um die man sowieso nicht herumkommt, erheblich mehr. Es zu verdrängen und dem Kinde zu sagen: »Das ist nicht so wichtig. Darüber sprechen wir, wenn du groß bist«, wäre falsch. Das Kind braucht jetzt eine Antwort und eine Perspektive! Das Kinderbuch von Jutta Bauer, »Opas Engel«[9] ist eine gute Möglichkeit, darüber zu sprechen. Darin erzählt der Großvater dem Enkel seine Lebensgeschichte.

In gefühlvollen Illustrationen erkennt man, wie Opas Schutzengel ihn dabei beschützt hat und wie dieser nach dem Tod des Großvaters nun den Jungen begleitet. Dieses Buch hilft, die Erfahrungen mit Krankheit, Sterben und Tod zu thematisieren.

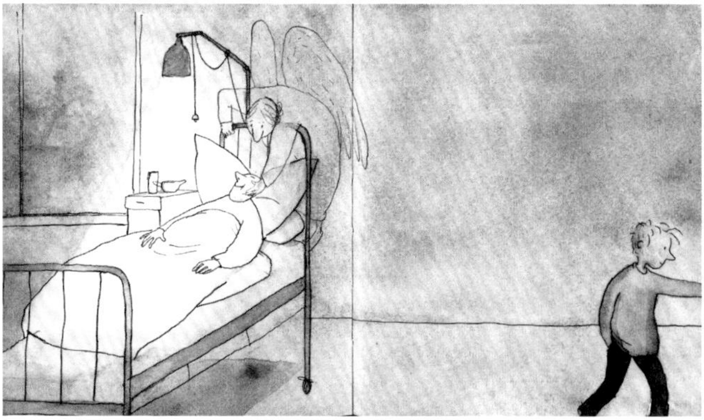

Jutta Bauer, Opas Engel[10]

Das sollten Sie vermeiden!

Leider greifen wir in unserer Unsicherheit oder Überforderung und manchmal sogar aus guten Absichten oft auf Sätze zurück, die der Trauer unseres Gegenübers nicht gerecht werden. Solche Äußerungen sollten Sie vermeiden, weil sie den Betroffenen in dem Gefühl zurücklassen, überhaupt nicht verstanden zu werden. Petra Hinderer und Martina Kroth haben konkrete Hinweise erarbeitet, welche Verhaltensweisen im Umgang mit Tod und Vergänglichkeit zu unterlassen sind. Sie sollten auf keinen Fall

- *vertrösten:* »Das wird schon wieder«; »Du bist ja noch jung«; »Vielleicht bekommst du ja noch ein Geschwisterchen« …
- *keine Resonanz zeigen:* »Indianer weinen nicht«; »Deine Mutter würde nicht wollen, dass du ständig so traurig bist« …
- *verkleinern:* »Das ist doch schon so lange her«; »So schlimm ist das doch gar nicht«; »Dem Opa geht es da, wo er jetzt ist, viel besser« …

Versuchen Sie stattdessen, die Trauer Ihres Gegenübers immer ernst zu nehmen. Geben Sie ihm Gelegenheit, diese Trauer auszudrücken, oder hören Sie einfach nur zu. Sagen Sie lieber etwas über sich selbst als über den anderen. Versuchen Sie nicht, jemanden zu trösten, für den es momentan keinen Trost gibt.

Sagen Sie z. B.: »Ich weiß gar nicht, was ich sagen soll, ich hab' selber einen richtigen Kloß im Hals«; »Ich kann mir nicht annähernd vorstellen, wie es dir geht, aber es muss schrecklich sein«; »Ich kann mir nicht vorstellen, dass es für dich Trost gibt, aber wenn du möchtest, kannst du ein bisschen auf meinen Schoß kommen« (wenn Sie selbst den Impuls haben!); »Das finde ich furchtbar traurig; sicher kann keiner deine Schwester ersetzen.«

Scheuen Sie sich nicht, die Gefühle des trauernden Kindes (und auch eines Erwachsenen) zu bestätigen – auch in drastischen Worten. Vergleichen Sie den seelischen Schmerz mit der Vorstellung körperlicher Verluste dieser Größenordnung. Dann sind Sie schnell bei Begriffen, die den Betroffenen eher da abholen, wo er steht, z. B.: »Das muss ja so weh tun, als hätte man ein Stück von dir selber abgeschnitten.«

Kinder brauchen in der Zeit der Trauer viel Aufmerksamkeit, um gesunde Trauerarbeit leisten und sich ihrem eigenen Leben wieder zuwenden zu können. Sie sollten Kummer und Trauer mit den Angehörigen teilen dürfen. Wenn Kinder isoliert werden, weil sie für zu klein gehalten werden, ist das sehr viel schlimmer für sie als die zu ertragende Trauer. Sie dürfen aber auch nicht zum »Dauertrauern« angehalten werden – das würde ihnen nicht entsprechen. Es ist normal, den Verstorbenen auch mal zu vergessen oder dessen Sachen beiläufig zu benutzen.

Kinder sind vollständig abhängig von den Erwachsenen, die sich ihnen zuwenden, ihnen Zusammenhänge erklären und Handlungswege eröffnen. Wie Kinder mit ihrer Trauer fertig werden, hängt neben ihrer Persönlichkeit vor allem auch vom Umgang der Eltern, ErzieherInnen, LehrerInnen und des gesamten sozialen Umfeldes mit dem Verlust ab. Daher sind Kinder bei einem schweren Verlust in der eigenen Familie oft mehrfach verlassen: Die selbst trauernden Erwachsenen sind oft gar nicht oder nicht genügend in der Lage, neben ihrer eigenen Trauer die Ängste, Fragen und Schuldgefühle der Kinder wahrzunehmen.
(Petra Hinderer / Martina Kroth)[11]

Vom Sterben und Abschiednehmen

Albert Biesinger

Was passiert beim Sterben? Wie kann es sein, dass der Opa im Grab ist und trotzdem weiterlebt? Ist wirklich alles zu Ende, wenn wir tot sind? Mama, darf ich dabeibleiben, wenn Oma jetzt vielleicht stirbt?

Das wissen wir dazu

Medizinisch wird Sterben heute anders verstanden als noch vor einigen Jahren. Während früher von einem vollständigen Zusammenbruch aller lebenswichtigen Funktionen (»Nekrose«) ausgegangen wurde, fasst man Sterben gegenwärtig als programmierten Zelltod auf (»Apoptose«). Zellen töten sich selbst und stecken Nachbarzellen an.

Wenn der Tod ein biologisches Programm und nicht einfach ein Zerfall ist, dann verändert sich auch die religiöse Deutung: Unserem Leben ist vom Schöpfer das Programm zum Sterben bereits mitgegeben worden.

In den letzten beiden Jahrhunderten sind das Durchschnittsalter und auch das Gesundheitsniveau der Bevölkerung angestiegen. Dies wird vermutlich so weitergehen, wenn Krieg, Seuchen und Hunger eingedämmt werden und sich ein entsprechender Lebens- und Ernährungsstil durchsetzen kann. Dennoch bleibt unveränderlich: Unser Leben ist darauf programmiert, einmal zu sterben.

Mit Ausnahme von schweren Unfällen, plötzlichem Herzversagen oder Embolien sind es meist langwierige Krankheiten oder das Alter, in denen Menschen im Auf und Ab der Gefühle Schritt für Schritt ihrem Lebensende entgegengehen.

Es ist möglich, den Tod zu verdrängen – zumindest eine bestimmte Zeit lang. Von vielen Krebskranken hört man, dass sie durch intensives Bewusstseinstraining und durch den starken »Kampf gegen die Krankheit« zumindest ihr Leben verlängert zu haben glauben.

Am Ende wird uns unser Leben aus der Hand genommen – ob wir die Sterbestunden (noch) bewusst erleben oder nicht. Jeder Mensch stirbt seinen eigenen Tod. Er wird und kann dabei durch niemanden vertreten werden.

Was passiert beim Sterben?

Aus medizinischer Sicht ist es deutlich beschreibbar, was beim Sterben passiert: Zum Beispiel sind keine Gehirnströme mehr festzustellen und das Herz steht still. Ein wichtiges Organ – Herz, Leber, Niere, Lunge usw. – versagt seine Funktion. Die Medizin hat in ihrer Diagnostik Fortschritte gemacht; vor noch nicht allzu langer Zeit hat man die Toten auch deswegen nicht gleich beerdigt, weil man sich manchmal nicht sicher sein konnte, ob sie tot oder nur »scheintot« sind.

Dass im Christentum – anders als im Judentum und im Islam, wo man den toten Körper noch am selben Tag bestattet – der Leichnam in der Regel erst am dritten Tag beerdigt wird, hängt mit der Parallele zum gekreuzigten Jesus zusammen, der von sich gesagt hat, dass er am dritten Tage auferweckt werde. In vielen Zusammenhängen ist es heute allerdings eher eine Frage der Organisation, wann, wie, wo und mit wem eine Begräbnisfeier stattfinden kann.

Der tote Körper beginnt sich rasch zu verändern. Vor einiger Zeit saß ich am Sterbebett eines jungen Mannes und betete mit ihm ein letztes Vaterunser. Er faltete die Hände und betete noch mit. Eine Stunde später ging seine

Atmung sehr unregelmäßig, setzte aus, nach kurzer Zeit setzte sie wieder ein und blieb dann länger aus, bis seine irdische Lebenskraft zu Ende ging: Er starb.

Nach einer Weile wurde sein Körper kühler. Aber immerhin konnte ich noch eine Stunde später, als ich ihm ein Kreuz auf die Stirn zeichnete, noch etwas von seiner Körperwärme spüren. Seine Angehörigen und Kinder ebenso. Bald danach aber wurde das Gesicht fahl und blass, und langsam trat die Totenstarre ein.

Oft binden die Pflegerinnen oder Pfleger ein Tuch um den Kopf, damit der Mund später geschlossen bleibt. Auch die Hände werden, nachdem der tote Körper noch einmal gewaschen wurde, möglichst früh gefaltet. Eine geradezu geheimnisvolle Stille verbreitet sich um den Verstorbenen.

Sterben ist und bleibt, ebenso wie das Geborenwerden, ein Geheimnis. Werden und Vergehen sind ineinander verschränkt und eine wichtige Konstante unseres Menschseins. Umso wichtiger ist es, das Sterben nicht zu tabuisieren und nicht zu viele Ängste davor zu entwickeln.

Kinder sollten mit nahen Angehörigen, die sterben, in einem ganz normalen Kontakt bleiben dürfen. Sie sorgen dann schon für sich und reagieren selbstständig, wenn es ihnen zu viel wird und sie hinausgehen wollen.

Ich selbst durfte als Zehnjähriger in der Nacht, als meine Großmutter starb, an ihrem Sterbebett mit ihr und für sie beten. Nie werde ich diese Erfahrung vergessen. Am folgenden Tag, als wir Kinder von der Schule heimkamen, war sie im Wohnzimmer im Sarg aufgebahrt. Wir standen mit großen Augen vor unserer Oma im Sarg. Es war meine erste hautnahe Begegnung mit Sterben und Tod, die mir bis heute ein Schlüssel für Werden und Vergehen ist. Aber auch eine Erfahrung, die mir die Angst vor diesen Situationen genommen hat.

Am Abend dieses Tages habe ich lange, stundenlang zu Gott gebetet: »Lieber Gott, ich weiß zwar, dass das nicht geht, aber bei meiner Oma könntest du doch mal eine Ausnahme machen. Sie soll wieder aus dem Sarg herauskommen und mit uns zu Abend essen.«

Am anderen Morgen lag meine Großmutter immer noch im Sarg, und ich kam in die größte Gotteskrise meiner Kindheit: Gegen den Tod hilft auch Beten nicht. Ich habe begriffen, dass Gott unser Sterben nicht verhindert. Aber er gibt uns Hoffnung, dass der Tod Verwandlung in ein neues Leben hinein ist.

Kinder gehen früher oder später durch diese »Gotteskrise« hindurch. Sie dabei zu begleiten setzt voraus, auch selbst unser eigenes Verständnis und unseren eigenen Zugang zu Sterben und Tod weiter zu bedenken. Bei allem Auf und Ab von Tränen, Trauer, Verzweiflung dürfen wir das Licht nicht aus den Augen verlieren, das wir symbolisch in der Osternacht in die dunkle Kirche hineintragen: Christus – das Licht der Welt. Der Auferweckte ist das Licht, in das er uns für immer hineinholen wird.

Kindern ist nicht geholfen, wenn sich Eltern mit ihrer Sorge um sterbende Angehörige verschließen und den Austausch darüber tabuisieren. Je offener Eltern mit ihren Kindern darüber sprechen, welche Bedenken und Sorgen sie haben, desto selbstständiger und sicherer können diese sich mit Sterben und Tod Schritt für Schritt selbst beschäftigen. Eine Tabuisierung belastet Kinder aber noch viel mehr. Kinder fühlen ohnehin, dass mit der Mama, dem Papa oder der Oma etwas nicht stimmt, und entwickeln dann möglicherweise belastende Phantasien oder Schuldgefühle.

Eine wichtige Regel: Wenn schwierige Krankheiten in die Familie kommen, gilt es, miteinander darüber zu sprechen, sich auszutauschen, sich gegenseitig zu stützen. Wenn jeder und jede »mit sich allein fertig werden« will und muss, versickern Hilfe und Entlastung.

Ab wann und wie wir mit schwer kranken Menschen, von denen wir annehmen müssen, dass sie bald sterben, offen auch über Sterben und Tod sprechen, hängt von der entsprechenden Situation und auch von der Art des gewohnten Austausches miteinander ab. Manche Trauernden sagen mir nach der Beerdigung: »Hätte ich doch noch einmal darüber und darüber gesprochen. Jetzt geht es nicht mehr.« Der Tod ist der tatsächliche Abbruch der innerweltlichen Kommunikation, bei der wir eine direkte Antwort erwarten können.

Vergebung bedeutet Erlösung. Dies ist nicht zu unterschätzen. Einige merken erst in der Trauerphase, wie wichtig es war, noch einmal über manches gesprochen zu haben, was sonst für immer belastend offen geblieben wäre.

Zugleich kann es heilsam sein, mit Sterbenden zu beten. Aber hierbei ist es wichtig zu fragen: Soll ich mit dir ein Vaterunser beten? – und nicht einfach die hilflose Situation des Sterbenden auszunützen und ihn mit Gebeten zu überschütten.

Abschied nehmen

Immer wieder trauen sich nahe Angehörige nicht, die Verstorbenen vor der Beerdigung noch einmal anzuschauen. Die Phantasie, wie er bzw. sie wohl tot ausgesehen hat, kann mit einer solchen Begegnung strukturiert werden; die Tatsächlichkeit des Todes wird deutlich. Kinder machen oft hinterher den Vorwurf, dass sie die verstorbene

Oma oder den Opa nicht anschauen und sich von ihr oder ihm auf ihre je eigene Weise verabschieden durften.

Der Sterbebegleiter Peter Czizsek berichtet von einer Beerdigung: Vor einiger Zeit leitete ich die Beerdigungsfeier für einen Großvater. Als der Sarg in das Grab versenkt war, holte ich die vier Enkelkinder zwischen sechs und elf Jahren und schaute mit ihnen auf den Sarg im Grab; dass nur das, was sterblich ist vom Opa, jetzt in die Erde kommt, dass der Opa aber mehr ist als sein Körper und dass er jetzt im Himmel ist, versuchte ich ihnen zu erklären. Der elfjährige Enkel sagte ungläubig zu mir: »Wie kann das denn sein?« Ich konnte ihm darauf nur sagen: »Du kannst es glauben und hoffen.« Für ihn ist dies seine eigene Gotteskrise, durch die er hindurchgehen muss.

Dass Kinder noch einmal um das Grab des toten Opas versammelt werden und mit ihnen ein kurzes Gespräch stattfindet, halte ich religionspädagogisch für richtig und angebracht. Diese Zeit muss man sich nehmen, wenn man die Beerdigungsfeier leitet. Auch in der Predigt der Trauerfeier ist es sinnvoll, Kinder speziell anzusprechen.

Was Kinder brauchen

Margit Franz gibt überzeugende Ratschläge für den Umgang mit trauernden Kindern:

- Kinder brauchen Vorbereitung auf das Ereignis des Todes
- Trauernde Kinder brauchen aufrichtige Antworten
- Trauernde Kinder brauchen den realen Abschied vom Verstorbenen

- Trauernde Kinder brauchen Gemeinschaft
- Trauernde Kinder brauchen Rituale
- Trauernde Kinder brauchen Orte der Besinnung und Symbole der Erinnerung
- Trauernde Kinder brauchen Möglichkeiten, ihre Gefühle offen auszuleben
- Trauernde Kinder brauchen Orientierung, Stabilität und Kontinuität
- Trauernde Kinder brauchen auch »trauerfreie Zonen«
- Trauernde Kinder brauchen gefühlsstarke und sensible Erwachsene
- Trauernde Kinder brauchen Trost
- Trauernde Kinder brauchen einfühlsame Gesprächspartner
- Trauernde Kinder brauchen Erinnerungen
- Trauernde Kinder brauchen verantwortete Antworten
- Trauernde Kinder brauchen kindgemäße Ausdrucksformen
- Trauernde Kinder brauchen Hoffnung

(Margit Franz)[12]

Das können wir miteinander tun

Hell-Dunkel-Meditation

Gemeinsam in einem Raum erst die Dunkelheit wahrnehmen und sich dann lange auf das Licht einer oder mehrerer brennender Kerzen konzentrieren. Dabei ruhige Musik hören und sich an den Händen fassen.

Ein Kind oder ein Erwachsener spricht folgendes Gebet: »Gott Du bist uns Licht in der Dunkelheit. Beschütze

Du die Menschen, die gestorben sind, und lasse sie in Deinem Licht leben.«

Lied: Bewahre uns Gott

2. Bewahre uns, Gott, behüte uns, Gott, sei mit uns in allem Leiden. Voll Wärme und Licht im Angesicht, sei nahe in schweren Zeiten.

3. Bewahre uns, Gott, behüte uns, Gott, sei mit uns vor allem Bösen. Sei Willen und Kraft, die Frieden schafft, sei in uns, uns zu erlösen.

4. Bewahre uns, Gott, behüte uns, Gott, sei mit uns durch deinen Segen. Dein Heiliger Geist, der Leben verheißt, sei um uns auf unsern Wegen.

(Melodie: Anders Ruuth © Carus-Verlag, Stuttgart; Text: Eugen Eckert © Strube Verlag, München – Berlin)

Von der Seele, dem toten Körper
und dem Leben nach dem Tod
Edeltraud Gaus

Vom Tod auferstehen – wie soll das gehen? Komme ich dann wieder als Baby in einem ganz anderen Land zur Welt? Wie kann Opa denn in den Himmel kommen, wenn sein Körper doch im Grab zerfällt? Mama, wie sieht der Himmel aus?

Das wissen wir dazu

Wir Christen glauben und hoffen, dass wir nach dem Tod auferstehen werden, weil Gott Jesus Christus von den Toten auferweckt hat. Darin zeigt sich die Vollendung seines Handelns an der Welt und an uns Menschen. Mit dem Tod ist also nicht alles zu Ende. Unser Gott ist ein Gott des Lebens und seine Liebe zu uns Menschen ist stärker als der Tod: Wir alle werden im Tod wie Christus verwandelt und gelangen zu einem neuen, ewigen Leben bei Gott, und zwar mit Leib und Seele, der ganze Mensch.

Doch wie soll das gehen? Auferstehung der Toten bedeutet ebenso wenig eine Wiedergeburt als anderes Lebewesen wie das Aufhören eines jeden einzelnen Menschen und seine Auflösung ins Nichts oder eine Verschmelzung mit Gott.

Wir glauben an die leibliche Auferstehung – eine Vorstellung, welche die Einzigartigkeit jedes Einzelnen betont: Der Mensch besteht aus Körper und Leib. Als »Körper« wird dabei das bezeichnet, was äußerlich wahrnehmbar ist, was wir anfassen und sehen können, was sich verändert und was altert. »Leib« bezeichnet das, was das Innenleben des Menschen ausmacht – sein Charakter, seine Geschichte, die Beziehungen, in denen er lebt, seine

Gedanken und Wünsche, was zu ihm gehört, ihn beseelt, aber nicht unbedingt sichtbar ist.

Mit der leiblichen Auferstehung lassen wir nicht unser irdisches Leben zurück, sondern es gehört auch nach unserem Tod zu uns. Nur der Körper, das Äußerliche, wird in der jetzigen Form zurückgelassen; er verwest.

Leibliche Auferstehung betrifft das ganze Menschsein: Der ganze Mensch geht mit seinen Besonderheiten und mit allem, was ihn einzigartig macht, in ein neues, anderes Dasein über. Im Tod werden wir Menschen durch Gottes Liebe verwandelt. Zugleich befreit uns Gott über den Tod hinaus von allem, was uns hier auf Erden eingegrenzt und belastet hat.

Allerdings gibt es für ein Leben nach dem Tod keinen Beweis. Unser Verstand stößt mit der Vorstellung von einem Weiterleben nach dem Tod an seine Grenzen. Wir können uns zwar über diese Grenze hinaus Gedanken machen, doch wie es wirklich sein wird oder wie wir es uns vorzustellen haben, kann niemand sagen.

Als Christen glauben wir, dass wir in den »Himmel« kommen. Darunter verstehen wir einen endgültigen Zustand des Heilseins der mit Gott für immer vereinten Menschheit. Wenn wir im Credo bekennen, dass wir an das ewige Leben glauben, dann bedeutet dies nicht einfach eine Verlängerung der Zeit, sondern einen Zustand jenseits von Raum und Zeit. In der Auferstehung überwindet der Mensch den Tod und wird verwandelt. Für diesen Zustand der ewigen Gemeinschaft mit Gott verwenden wir Begriffe wie Himmel, Jenseits, ewiges Leben oder Vollendung.

Das hat mit uns zu tun

Werden Kinder mit Sterben und Tod konfrontiert – sei es mit dem Tod einer nahestehenden Person, in einer Geschichte oder in der Begegnung mit einem toten Tier –, dann fragen sie oft, was danach passiert, mit dem Verwandten, dem Tier oder der eigenen Person.

Hilfreich ist es, in den Blick zu nehmen, wie wir Menschen unsere Beziehung zu Gott schon hier auf Erden sehen. Von Beginn unseres Lebens an hat uns Gott in die Beziehung zu ihm hineingenommen. Er hat jeden einzelnen Menschen bejaht und so angenommen, wie er ist. An uns Menschen liegt es, diese Gemeinschaft mit Gott aufzugreifen und in unsere Weltsicht zu integrieren. Wenn wir uns in dieser Beziehung bereits zu Lebzeiten geborgen und angenommen fühlen und Gott für uns ein Gegenüber ist, dann schließt diese Annahme mit ein, dass diese Gemeinschaft auch nach Ende des irdischen Lebens weiter besteht und wir aufgehoben sind im Leben Gottes, so wie wir sind, mit allem, was uns ausmacht und woran unser Herz hängt.

Kinderfragen zum Dasein nach dem Tod regen dazu an, sich mit der eigenen Vorstellung davon auseinanderzusetzen. Uns ist dabei aber auch bewusst, dass wir wenig darüber wissen und unsere Erwartungen an das Jenseits letztlich nur in Bildern ausdrücken können. Ein Austausch dieser Bildvorstellungen hilft uns aber, nachzuspüren, welche Bedeutung sie für uns haben und welche Sehnsucht wir damit verbinden.

Das sollen Kinder verstehen

Kindern kann die leibliche Auferstehung und der Glaube an das Weiterleben des Menschen nach dem Tod als Verwandlung des Körpers in den (neuen) Leib am Beispiel eines Schmetterlings verdeutlicht werden. Er lebt zunächst in körperlicher Gestalt (Raupe), erkaltet zur Todesstarre (Kokon), und erwacht in anderer Gestalt zu neuem Leben (Schmetterling). Und doch bleibt er bei dieser Verwandlung immer das gleiche Lebewesen. Und wie der Schmetterling verwandelt sich auch der Mensch.

Im Gespräch mit Kindern ist es wichtig, auch die kindlichen Vorstellungen sprechen zu lassen und ihre eigene, altersgemäße Vorstellung von Auferstehung und Leben nach dem Tod ernst zu nehmen. Mitunter äußern sie ihr Wissen oder ihre Vermutungen darüber, was mit dem Körper nach dem Tod passiert, dass er zerfällt und verwest. Der verwandelte Mensch lebt bei Gott weiter.

Das können wir miteinander tun

Als guter Einstieg in ein Gespräch, vor allem mit kleineren Kindern, bieten sich Bilder an. Es ist hilfreich, wenn sowohl Erwachsene als auch Kinder malen, wie sie sich den Himmel vorstellen und sich im Anschluss darüber austauschen. Die konkreten Figuren, die Farben und Formen bringen Vorstellungen zum Ausdruck. Dabei ist es wichtig, dass die jeweiligen Ansichten aller – von Kindern und Erwachsenen – respektiert werden. Es geht nicht darum, jemanden von einer »richtigen« Meinung zu überzeugen. Viel wichtiger ist es, zu verstehen, was sich das jeweilige Kind unter dem »Himmel« vorstellt, wie es diese Gedanken entwickelt und zu welchen Schlussfolgerungen es kommt.

Vorbereitung: Kerze (Osterkerze, Taufkerze), Malpapier und Farben, Hintergrundmusik.
Alle setzen sich um den Tisch. In der Mitte des Tisches steht die brennende Kerze. (Evtl. kann das Licht im Raum etwas gedimmt werden, damit der Kerzenschein besser wahrgenommen wird.)

Bevor ein Erwachsener spricht, bläst eine Person die Kerze wieder aus.
»So wie diese Kerze erlischt, so erlischt auch eines Tages unser Leben.
Wir, die wir an Jesus Christus glauben, glauben und hoffen darauf, dass damit nicht alles zu Ende ist, unser Leben nicht umsonst gelebt ist. Wir glauben, dass wir auferstehen und bei Gott weiterleben. Jeder von uns hat seine eigene Vorstellung von diesem Leben bei Gott.
Wie sieht deine aus?«

Jede Person erhält einen Papierbogen sowie Stifte und malt seine Vorstellung vom Leben bei Gott. Im Hintergrund kann ruhige Musik laufen.

Nach der Malphase wird die Kerze wieder entzündet. Nun kann jeder sein Bild erklären und seine Gedanken über das Leben nach dem Tod vorstellen. Wer das nicht möchte, kann auch sein Bild für sich sprechen lassen.

Ein/-e Erwachsene/-r oder ein Kind:
»Unsere Bilder stellen dar, wie wir uns unser Leben nach dem Tod vorstellen. Verweilen wir einige Minuten vor

unserem Bild und machen uns noch einmal ganz bewusst, welche Hoffnungen und Gefühle wir mit diesem Bild verbinden.«

Nach dieser Phase:
»Wir möchten Gott danken, dass er uns Hoffnung und Liebe schenkt und beten:«

> Herr, ich weiß, dass du mich liebst, dass mein Sterben genauso in deinen Händen liegt wie mein Leben. Ich will glauben, dass alles, so wie es kommt, in deine Liebe eingeschlossen ist. So wie du es fügst, wird es gut sein für mich. Hilf mir, deinen Willen zu verstehen und anzunehmen. Hilf mir, täglich bereit zu sein, wenn du mich rufst. Lass mich versöhnt mit dir sterben, in der Hoffnung, dass du mir alles zum Guten wendest. – Herr, dein Wille geschehe.[13]

Schlussimpuls für Eltern

Folgende Geschichte erzählt beispielhaft von einem Gespräch über den Tod zwischen Erwachsenen und Kindern. Es geht vor allem darum, mit Kinderfragen einen ehrlichen Umgang zu pflegen und auch offen bekennen zu können, auf manche Fragen keine Antworten zu haben.

Großmama stirbt

Abends sitzen beide Kinder bei der Mutter.

»War Großmama in dem Sarg, der mit dem Auto weggefahren ist? Wohin haben sie sie gebracht?«, fragt Robert.

»In die Leichenhalle beim Friedhof. Dort steht der Sarg, bis sie begraben wird.« »In diesem engen Sarg, Mama? Und wenn sie aufwacht, wie kommt sie da raus?«

»Sie ist tot. Der Arzt hat es festgestellt. Wir sehen sie hier nicht mehr wieder.«

»Und wohin kommt sie dann?«

»In die Erde, auf den Friedhof neben Großpapa.«

»In ein Loch in die Erde?«

»Frag doch nicht so«, brummelt Otto.

»Lass ihn«, sagt Mama, »Großmama kommt in die Erde. Die Hülle des Menschen, sein Körper, löst sich auf, wenn er tot ist; sie wird wieder zu Erde.«

»Und Großmama?«

»Großmama auch. Aber das, was Großmama war, lebt weiter. Sie hat euch sehr lieb gehabt, ihr sie auch, das wird nie verlorengehen.«

»Bleibt es in der Luft?«

»Ich weiß nicht, aber ich kann mir nicht vorstellen, dass überhaupt etwas verlorengeht. Wir weinen nur, weil wir

den Menschen, den wir lieben, nicht mehr bei uns haben. Wir können ihn nicht mehr anrühren, nicht mehr sehen, nicht mehr hören, nicht mehr küssen.«
»Ich höre Großmama trotzdem,« sagt Otto plötzlich.
»Geht sie zum lieben Gott, so wie ein Engel?« fragt Robert.
»Das weiß ich nicht. Ich glaube, dass Gott sie aufnimmt. Wie, weiß ich nicht, aber ich weiß, dass sie für immer in den Frieden eingeht.«
»Was ist Frieden?«
»Ein Ort oder ein Zustand, wo man durch nichts mehr verwirrt oder gekränkt wird, wo man nicht mehr Angst hat.«
»So, als wenn ich schlafe?«
»Nein, das glaube ich nicht.«
»Eigentlich könnte man ja gleich tot sein, wenn alles so schön ist. Warum bin ich auf der Erde?« sagt Otto mürrisch.
»Um zu leben«, antwortet die Mutter. »Das heißt, um viele Erfahrungen zu machen, gute und schlechte, um die Welt kennen zu lernen, um Glück zu finden, zu wachsen, zu lernen, zu helfen und zu lieben. Jedes Leben führt zu einem Tod. Nur was gelebt hat, kann sterben. Der Tod gehört zu jedem Leben.«
(Antoinette Becker)[14]

Von Himmel, Hölle und Fegefeuer

Ralf Gaus

Kommen alle Menschen in den Himmel? Wo ist denn der Himmel – über den Wolken oder woanders? Ist die Hölle tief in der Erde drin, und gibt es dort tatsächlich ein Feuer?

Das wissen wir dazu

Was nach dem Tod kommt, wissen wir nicht. Als Christen glauben wir, dass wir Menschen nach dem Tod auferstehen und in der Nähe Gottes sein werden (»Dann werden wir immer beim Herrn sein.« 1 Thess 4,17). Genau das meinen Christen auch, wenn sie vom »Himmel« sprechen: Der Himmel ist ein Bild für die Welt Gottes, für sein Reich. Dies ist nicht örtlich zu verstehen; immer schon ist Gott auch eins mit unserer Welt.

Wenn wir sterben, fallen wir nicht aus seiner Fürsorge heraus, sondern gehören über den Tod hinaus zur Gemeinschaft mit Gott – außer wir entscheiden uns dagegen. Himmel bedeutet also auch, mit Gott und den Menschen versöhnt zu sein, mit ihnen im Reich Gottes zu leben, d. h., ganz und für immer heil zu sein.

Mit der Auferstehung kommt im christlichen Verständnis aber auch ein Moment der Wahrheit. Wir Menschen tragen die Verantwortung für unser Leben und unser Handeln. Diese Tatsache wird häufig mit dem Begriff des Gerichts und die daraus resultierenden »Urteile« mit den Begriffen Fegefeuer und Hölle umschrieben. Im Gegensatz zu früheren Jahrhunderten lässt sich heute jedoch ein Wandel dahingehend feststellen, dass man sich von Angst machenden Bildern verabschiedet hat und beim Treffen von Aussagen generell vorsichtiger geworden ist.

Um besser zu verstehen, was mit dem Bild des Gerichts gemeint ist, ist es sinnvoll, die Botschaft Jesu näher zu betrachten. Im Zentrum steht für Jesus das Reich Gottes, das mit ihm schon angebrochen ist; dies kommt in seinen Worten und Taten zum Ausdruck. Damit sich Gottes Reich auf Erden weiter entfalten kann, ruft uns Jesus zur Umkehr und zur Nachfolge auf: »Die Zeit ist erfüllt, das Reich Gottes ist nahe. Kehrt um, und glaubt an das Evangelium!« (Mk 1,15). Folglich steht aus theologischer Sicht hinter dem Bild des anstehenden Gerichts der Aufruf zur (Glaubens-)Entscheidung: Glauben wir an die Botschaft Jesu und handeln wir danach – oder nicht?

Die Menschen sind demnach herausgefordert, sich für die Verwirklichung dieses Reiches Gottes damit auch für eine bessere und gerechtere Welt einzusetzen. Jeder Einzelne ist dazu aufgerufen – aber auch wir alle als Gemeinschaft. Daher heißt es in der Bibel: Der Mensch ist dazu bestimmt, »ein einziges Mal zu sterben, worauf dann das Gericht folgt« (Hebr 9,27), in welchem er »seinen Lohn empfängt für das Gute oder Böse, das er im irdischen Leben getan hat« (2 Kor 5,10).

Die Frage wird sein, ob wir Menschen uns gegen vermeidbares Leid gewehrt und für ein gerechtes und lebenswertes Leben eingesetzt haben. Für diejenigen, die in der Welt Ungerechtigkeit erleiden mussten, besitzt das Gericht einen Hoffnungsschimmer: Sie werden ihr Recht erhalten.

Nun ist das Gericht aber nicht so zu verstehen, dass uns Jesus als Richter verurteilen oder demütigen möchte. Vielmehr geht es ihm darum, uns aufzurichten. Gott will die Versöhnung mit ihm und die der Menschen untereinander. Daher gilt das menschliche Verständnis von Gerechtigkeit mit Attributen wie Strafe oder gar Rache bei Gott nicht. Gericht ist als Beziehungsgeschehen zu verstehen, in dem der Mensch mit der unendlichen Liebe und Güte Gottes konfrontiert wird und dadurch auch Einsicht in sein eigenes Leben gewinnt. In der Begegnung mit Gott sehen wir unser Leben unverstellt und mit Ehrlichkeit. Diese göttliche Begegnung, wie sie uns verheißen ist, geht über die Erfahrung des Menschen hinaus.

So lässt sich auch das Bild des Fegefeuers verstehen, das im Lateinischen »Purgatorium« heißt. Dies sollte auch der eigentliche Begriff sein, den wir verwenden, denn weder das Fegefeuer noch die Hölle haben im eigentlichen Sinne mit Feuer zu tun. »Purgatio« meint Reinigung oder Klärung, und so kann man das »Purgatorium« als Reinigungsort verstehen. In der Nähe Gottes wird uns Menschen klar, was wir Gutes und Schlechtes getan haben. Dieser Prozess der Klärung ist reinigend, aber auch schmerzlich. Im Grunde gibt es keine größere Strafe, als dass der Mensch versteht, was er angerichtet hat.

Es liegt aber in der Entscheidung des Menschen, ob er diesen Prozess der Klärung durchlaufen will und so mit Gott und den Menschen versöhnt leben möchte. Wenn wir unter »Himmel« das Versöhntsein mit Gott und den Menschen verstehen, dann bedeutet die »Hölle«, in Unversöhntheit leben zu wollen und zu müssen. Theologisch betrachtet ist sie also die Gottesferne, eine vom Menschen selbst verursachte Distanzierung und Ablehnung der Heilszusage Gottes.

Gleichzeitig steht über allem die Hoffnung, dass Gott uns trotz unserer Unvollkommenheit und Schuld liebt, und dass somit alle Menschen durch seine Gnade erlöst und versöhnt werden.

Das hat mit uns zu tun

Wir Menschen stehen schon von Anbeginn in Beziehung zu Gott. Diese Verbindung hört nicht mit dem Tod auf, sondern bleibt darüber hinaus bestehen. Gott hat uns zugesagt, dass wir auch im Tod bei ihm sein werden. Es ist aber unsere Entscheidung, ob wir auf dieses Entgegenkommen antworten und wie wir uns entscheiden. Darauf verweisen die Bilder des Himmels, des Fegefeuers und der Hölle.

Gleichzeitig machen sie deutlich, dass wir für unser Handeln verantwortlich sind und dieses oft noch lange nach unserem Tod Konsequenzen hat. Wir tragen Verantwortung gegenüber Gott und seiner Schöpfung mit ihren Menschen, Tieren und der Natur. Was wir Menschen in unserem Leben tun, ist nicht egal.

Das sollen Kinder verstehen

Gott liebt die Menschen von Anfang an und ist mit ihnen. Auch oder gerade mit den Kindern. Diese Beziehung und diese Liebe enden nicht mit dem Tod. Kinder sollen jedoch auch verstehen, dass wir Christen zwar an die Auferweckung glauben, dass aber der Tod das Ende des uns bekannten irdischen Lebens bedeutet. Es hilft Kindern nicht, wenn diese Realität mit Bezeichnungen wie »schlafen« oder »lange Reise« beschönigt wird. Gerade solche Begriffe erzeugen Assoziationen, die im Kontext von Sterben und Tod bzw. beim Trauern eher hinderlich als förderlich sein können. Kinder können solche übertragenen Begriffe noch nicht symbolisch verstehen; vielmehr lösen derartige Umschreibungen weitere Fragen aus: »Und wenn Opa wieder aufwacht im Sarg?« Auch im Angesicht des Glaubens an die Auferstehung ist es notwendig, dass Kinder die Endgültigkeit des Todes begreifen.

Kinder übernehmen von ihren Eltern Gebote und Verbote. Sie übernehmen die elterlichen Gebote und konkrete Regeln aber nicht nur für einzelne Situationen, sondern übertragen diese auch auf anderes, eigenes Handeln. Auf diese Weise setzen sie sich schon früh mit Richtig und Falsch auseinander und entwickeln diesbezüglich ein Einschätzungsvermögen. Gleichzeitig können Kinder verstehen, dass ihr Handeln Konsequenzen hat. Andere Menschen zu schlagen, ihnen das Mäppchen zu stehlen oder sie zu ärgern, führt zu Verletzungen – und erfordert auch eine Entschuldigung. Kinder lernen also nicht nur, was richtig und falsch ist, sondern darüber hinaus auch, dass dazu ebenso »normal« Verzeihung und Versöhnung gehören.

Dieses Verständnis von den Konsequenzen des eigenen Handelns wird jedoch nur allmählich und auch durch negative Erfahrungen sowie Fehler erworben (»Das wollte ich doch nicht …!«). Aus diesem Grund muss zwischen dem Handeln von Kindern und dem von Erwachsenen unterschieden werden. Erst im Jugendalter wird der Mensch endgültig fähig, die Folgen des eigenen Handelns ganz abschätzen zu können. Es ist daher unverantwortlich, Kindern mit der Hölle oder dem Fegefeuer als Konsequenz für ihr Handeln Angst zu machen. Kinder müssen vielmehr Verzeihen und Versöhnung in ihrer Familie erfahren.

Dabei sollen sie jedoch auch verstehen, dass der Himmel nicht wörtlich zu begreifen ist, sondern als Beziehung zu Gott. Sie sollen merken, dass sie von Gott geliebt werden und zu ihm gehören. »In den Himmel kommen« heißt dann, nicht für immer tot zu sein, sondern in der Nähe Gottes, im »Reich Gottes« weiterleben zu können, im Lichte Gottes und nicht in der Dunkelheit des Todes zu sein.

Das können wir miteinander tun

Was macht mir und anderen das Leben zur Hölle?

Mit Kindern über Hölle und Fegefeuer zu sprechen, muss von Seiten der Erwachsenen sensibel geschehen. Eltern sollten Kinder weder mit Bildern davon konfrontieren, noch einem Kind das Thema aufnötigen. Vielmehr sollten sie reagieren, wenn ihr Kind eigenständig derartige Fragen aufwirft. Denn gerade bei dem theologischen Bild der »Hölle« ist Umsicht geboten. Zum einen werden »Hölle« und »Fegefeuer« von Kindern nicht symbolisch, sondern als konkrete Örtlichkeiten aufgefasst. Das Weltbild der Kinder, so zeigen Kinderzeichnungen, ist vielfach gekennzeichnet von »oben und unten«, »Himmel und Hölle«. Damit verbunden kann das Symbol der Hölle wiederum leicht Angst auslösen und Kindern das Bild eines strafenden und unbarmherzigen Gottes vermitteln.

Dennoch wissen Kinder meist um Richtig und Falsch sowie um die Konsequenzen ihres Verhaltens. Vor allem ältere Kinder sind sich bewusst, worin diese bestehen und dass sie für Menschen zur »Hölle« werden können. An solchen Erfahrungen kann ein Gespräch ansetzen. Die Kinder verstehen, dass in Streit und Hass zu leben im übertragenen Sinne die Hölle ist und dass Versöhnung guttut.

Sie sind sich jedoch ebenfalls bewusst, dass die Klärung einer Spannung nicht immer ohne Schmerzen und Tränen auskommt. Was für das Miteinander zwischen den Menschen gilt, das gilt in gleichem Maße auch für die Beziehung zu Gott. Auch hier hat unser Handeln Konsequenzen, mit denen wir eines Tages konfrontiert werden. Himmel ist Leben, gelingende Kommunikation, freundliche und aufbauende Zukunft in der Nähe Gottes. Hölle ist Gottes Fernsein, Dunkelheit, Kälte.

Jeder kann durch sein Verhalten Dunkelheit und Schmerz erzeugen. Auch Kinder können einander zur Hölle werden. Umso wichtiger ist es, Kindern begreiflich zu machen, dass nicht jedes Verhalten möglich ist und dass sie sehr wohl die Aufgabe haben, Schritt für Schritt füreinander mehr Licht als Dunkelheit zu sein.

Ein Versöhnungsritual entwickeln – vergeben und vergeben lassen

Versöhnung bedeutet, den Himmel schon auf Erden zu erleben. Es ist aber nicht immer leicht, die Sprachlosigkeit zu durchbrechen und um Entschuldigung zu bitten. Dementsprechend gilt es, in der Familie, der Kindergartengruppe oder unter Freunden ein gemeinsames Ritual zu entwickeln, eine Geste der Entschuldigung und eine Bitte um Versöhnung. Gemeinsam können wir überlegen, was für unsere Familie oder für unsere Beziehung das passende Ritual ist. Ein solches Ritual kann auch in Stunden des Todes hilfreich sein. Vor allem dann, wenn es zum letzten Mal möglich ist, sich zu versöhnen.

Was kann ich tun, wenn ich um Entschuldigung bitten will?
Dem anderen die Hand geben, wenn es mir schwerfällt, als Zeichen eine entsprechende Kerze anzünden, ihm ein Segenswort zusprechen.

Wie kann ich meine Sprachlosigkeit überwinden? Gibt es einen Ort, wo ich auch solche Dinge ansprechen kann?
Kindern und Erwachsenen hilft es, wenn sie wissen, dass es einen festen Ort gibt, an dem auch über Probleme gesprochen wird. Ein solcher Ort kann die »Familienkonferenz« sein, etwa an jedem Sonntagabend. Dann können Eltern wie Kinder sagen, dass ihnen etwas leidtut oder dass etwas sie gekränkt hat. Aber auch Dank und Freude haben hier ihren Platz.

So wird die Familienkonferenz zu einem Termin in der Woche, auf den sich Kinder wie Erwachsene einstellen können, und von dem sie wissen, dass ihnen zugehört wird. Gleichzeitig wird in solchen Gesprächen der Familienalltag zum Lernfeld. Kinder lernen Richtig und Falsch, Gut und Böse zu unterscheiden und erfahren von den Konsequenzen ihres Handelns. Dabei ist es entscheidend, dass sich auch die Eltern auf diesen Kommunikationsvorgang einlassen. Denn dieser Unterscheidungsprozess ist keine Einbahnstraße, die lediglich in Richtung Kinder führt.

Zum Abschluss einer Familienkonferenz, vor allem wenn sie von Streit und Versöhnung gekennzeichnet war, kann ein gemeinsames Lied gesungen werden.

Lied: Da berühren sich Himmel und Erde

Text: Thomas Laubach / Melodie: Christoph Lehmann, aus: *Gib der Hoffnung ein Gesicht* © tvd-Verlag, Düsseldorf 1989.

Schlussimpuls für Eltern

Keine verlorene Zeit

Lass uns dir vertrauen, Gott, und segne uns,
dass sich auch die Bruchstücke unseres Lebens
wieder zusammenfügen können.
Achte darauf, Gott, und segne uns,
dass wir Äußerlichkeiten nicht zu wichtig nehmen
und nicht am Vergangenen hängen.
Schenke uns allen, Gott, und segne uns,
dass wir die dunklen Seiten unseres Lebens
nicht verdrängen, sondern mit ihnen zu leben lernen.
Lass uns begreifen, Gott, und segne uns,
dass Tage der Sorge, der Trauer und des Leids
keine verlorenen Zeiten sind,
sondern zu unserer Reife führen.
(Roland Breitenbach)[15]

Von Vorstellungen über den Tod
und dem Umgang mit Trauer
Edeltraud Gaus

Ist Opa auf einer langen Reise? Warum bin ich immer so niedergeschlagen? Ich will, dass Oma wiederkommt! Mitten im Spiel muss ich manchmal weinen – ich will das nicht!

Das wissen wir dazu

Auch wenn wir keine sicheren Aussagen über die Zeit nach dem Tod machen können, ist es wichtig, die Fragen danach ernst zu nehmen.

Kinder ab vier Jahren haben noch ein begrenztes und einfaches Verständnis vom Tod. Er ist für sie keine Realität, sondern vielmehr das Gegenteil von Leben. Ihre Vorstellung vom Tod füllen Kinder gefühlsmäßig mit anschaulichen Erfahrungen aus ihrem eigenen Leben: Dunkelheit, Trennung oder Schlaf. In ihrem Buch »Tabuthema Trauerarbeit« beschreibt Margit Franz, dass für Kinder Leben und Tod genauso austauschbar sind wie z. B. die An- oder Abwesenheit der Mutter.

Für Kinder ist es auch schwer nachvollziehbar, wie ein lebendiger Mensch zu einem toten und bewegungslosen Leichnam werden kann.

Erst in ihrer weiteren Entwicklung erleben sie, dass es im Leben Veränderungsprozesse und damit Übergänge gibt (z. B. wenn aus einer Blumenzwiebel eine Blume wächst).

Zudem haben Kleinkinder noch kein ausgeprägtes Zeitempfinden, d. h. die Endlichkeit ist für sie nicht vorstellbar. Vielmehr leben sie ihr Leben zeitlos und jeden Tag neu, völlig unbeschwert im Hier und Jetzt.[16] Ihr Zeitbegriff ist konkret. Das erklärt auch, wieso sie mit dem

Satz: »Opa ist jetzt tot« wenig bis nichts anfangen können: Sie sind noch nicht in der Lage, logische Schlussfolgerungen abzuleiten und diese auf andere Situationen oder Handlungen zu übertragen. Wissen erschließt sich Kinder in handelndem Tun. Deshalb ist für sie die unmittelbare Wahrnehmung von Veränderungsprozessen sehr bedeutsam.

Im Hinblick auf den Tod eines Menschen akzeptieren Kinder den Verlust besser, wenn sie in den Prozess eingebunden sind, z. B. die kranke Oma besuchen, von der verstorbenen Oma Abschied nehmen, sie anfassen und an der Trauerfeier teilnehmen. Der natürliche Umgang mit dem Tod verhindert, dass ein Kind sich in seiner Phantasie Antworten auf seine Fragen oder Vorstellungen zurechtlegt, die oft viel belastender sein können als die eigentliche Realität. Es ist sinnvoll, Kindern ihre vielleicht harmloseren Bilder für den Tod (»Oma ist jetzt ein Engel«) zu lassen und sie sogar zu unterstützen, solche Bilder für sich zu finden. Suchen jedoch Erwachsene Bilder, um Kindern den Tod zu erklären, sollten diese nicht aus dem kindlichen Lebensalltag gewählt werden, da Kinder noch nicht genügend zwischen z. B. dem echten und dem symbolischen Schlafen unterscheiden können.

Das Kinderwissen über den Tod ist auch wesentlich davon geprägt, wie Eltern ihre Trauer vorleben, was sie Kindern über den Tod und das Leben danach erzählen und vermitteln. Gleichaltrige Kinder können sehr unterschiedliche Vorstellungen vom Tod haben, da Kinder individuell geprägt und entwickelt sind und jeweils andere persönliche Erfahrungen gesammelt haben. Die Vorstellung vom Tod entwickelt sich bei Kindern langsam und kann wie folgt charakterisiert werden (die Altersangaben haben hierbei nur orientierende Funktion):

- *Kleinkinder (bis zwei Jahre)*
  Kinder in diesem Alter haben noch keine Vorstellung vom Tod und verstehen auch den Begriff Tod noch nicht. Zentral für ihr Empfinden ist die Angst, verlassen zu werden; charakteristisch für dieses Lebensalter sind eine enge Bindung an Bezugspersonen und das bereits genannte Fehlen eines Zeitempfindens. Für Kleinkinder bedeutet Tod emotional vor allem Entzug oder Entbehrung dessen, was wichtig ist. Vorübergehende Trennungen werden oft als tatsächliche Trennung erlebt und können starke Verlassenheitsgefühle auslösen.

- *Vorschulkinder (bis sechs Jahre)*
  Der Tod wird gleichgesetzt mit vorübergehender Abwesenheit. Kinder erwarten eine Rückkehr des Toten. Wer tot ist, kann auch wiederkommen (»Opa ist auf einer langen Reise«), Todeswünsche sind gleichzusetzen mit »Fortwünschen«. Mit dem Tod verbinden sie den Zustand von Dunkelheit und Bewegungslosigkeit, begreifen ihn aber noch nicht als etwas Endgültiges. In diesem Alter beziehen Kinder alles auf sich und können sogar Schuldgefühle entwickeln, weil sie sich am Tod eines Menschen mitverantwortlich fühlen – z. B. wenn sie ihn sich einmal fortgewünscht haben. Für Vorschulkinder ist der Tod etwas Zufälliges, und sie meinen, dass nur andere Menschen sterben und sie selbst immer da sein würden.

- *Grundschulkinder (bis neun Jahre)*
  Kinder in dieser Phase beginnen die Bedeutung des Todes zu verstehen und haben ein sachliches, nüchternes Interesse an den Äußerlichkeiten des Todes, z. B. was aus den Toten wird. Sie stellen viele Fragen und wollen

alles möglichst genau wissen. Trotzdem verstehen sie nicht alles und entwickeln deshalb Verlust- und Trennungsängste. Die Realität (der Tod ist ein Naturphänomen, das eintritt, wenn ein Tier oder Mensch nicht mehr atmet oder keinen Puls mehr hat), wechselt sich mit der Phantasie (Tod als langer Schlaf) ab. Kinder erkennen, dass der Tod jeden treffen kann, auch ihnen sehr nahe stehende Menschen und letztlich sie selbst.

- *Schulkinder (bis zwölf Jahre)*
  Sachliche Fragen über den Tod und seine Folgen dominieren diese Altersstufe (v. a. die biologischen Aspekte des Sterbens). Der Tod wird als etwas ganz anderes als das Leben verstanden. Kinder wissen nun auch um den eigenen Tod und akzeptieren ihn als Notwendigkeit des Lebens. Der Tod von Verwandten oder Freunden wird als großer Verlust und mit starken Trennungsschmerzen erlebt. Mitunter reagieren Kinder auch mit körperlichen Symptomen wie Kopf- oder Bauchweh, Schwindel, Erbrechen.

Kinder aller Altersstufen begreifen den Tod umso realistischer, je mehr Erkenntnisse und Erfahrungen sie in ihrem Leben bereits bei Trennung und Verlust gewonnen haben: den Trost, den sie erfahren haben und einfühlsames Verständnis in dieser Situation.

Mit der Entwicklung des Zeitverständnisses und dem zunehmenden Bewusstsein vom Tod kann das Kind dessen Unabänderlichkeit und Endgültigkeit langsam begreifen, den Verlust eines lieben Menschen erfassen und die damit verbundenen Gefühle intensiver erleben. Kinder trauern genauso schwer und lange wie Erwachsene, aber auf ihre Art. Ihre Traurigkeit wird oft nicht als solche erkannt, denn Trauerbewältigung setzt Fähigkeiten voraus, die Kinder noch nicht voll entwickelt haben: Trauer verbal auszudrücken, abstraktes Denken und Zeitempfinden. Kinder gehen mit Trauer anders um. Sie verarbeiten sie oft im Spiel. Es kann vorkommen, dass es einem Kind manchmal leichter fällt, sich souverän oder aufgedreht zu geben, dass es aber beim Hören einer Geschichte oder beim Anschauen eines Bilderbuches mit starken Emotionen reagiert. Es ist wichtig, dass jedes Kind und jeder Mensch in seiner Trauer ernst genommen wird, diese zum Ausdruck bringen darf, und dass die dafür nötige Zeit und Begleitung zur Verfügung stehen.

Dies bedeutet auch, dass Kinderfragen zu Sterben und Tod von Erwachsenen ernsthaft, wertschätzend und nach bestem Wissen beantwortet werden sollten. Wenn Kinder trauern, gilt es deshalb zu bedenken, dass bereits der Ausdruck der damit zusammenhängenden Gefühle für Kinder sehr heilsam ist und ihnen hilft, die Trauer zu verarbeiten. Die betreuende Person muss in erster Linie diese Gefühle aushalten und dableiben. Sie muss wissen und dem Kind zeigen können, dass heftige Gefühle zur Trauer gehören und nicht versteckt werden müssen.

Nach psychologischen Erkenntnissen hat die Trauer vier Aufgaben. Zum einen müssen Trauernde lernen, *die Realität anzuerkennen*. Für ein Kind ist es nicht hilfreich, den Tod eines Menschen zu beschönigen mit Worten wie »Opa ist jetzt auf einer langen Reise«. Schmerz und Verlust sind unter Umständen groß, doch es geht darum, wirklich zu begreifen, dass Opa tot ist. Dieser Prozess vom intellektuellen Verstehen bis zum gefühlsmäßigen Begreifen kann lange dauern. Ferner geht es in der Trauer darum, den *Abschiedsschmerz zu durchleben*. Bei trauernden Kindern bedeutet das vor allem, dass Eltern oder Begleiter die Gefühle zulassen müssen und nicht einfach »wegtrösten« dürfen. Beispielsweise darf der tote Hamster nicht gleich durch einen neuen Hamster ersetzt werden. Wenn der Schmerz nicht durchlebt werden darf, sondern dauernd weggeschoben wird, kann es keine Heilung geben. Die dritte Aufgabe der Trauer ist, dass Trauernde das *verinnerlichen, was war*. Es geht darum, den Unterschied zu begreifen zwischen dem, was war und dem, was ist – der veränderten neuen Situation. Indem Erinnerungen gepflegt werden und über den Verstorbenen gesprochen wird, kann dieser in das eigene Leben integriert werden. Zum Schluss besteht die Aufgabe der Trauer noch darin, eine *neue Identität zu entwickeln*. Ein Kind muss beispielsweise ein neues Selbst- oder Familienkonzept entwickeln, zu dem die Mutter, der Opa oder der große Bruder nicht mehr gehören. Eine große Gefahr besteht hierbei darin, dass jüngere Kinder versuchen, die Rolle der verstorbenen Person zu übernehmen und die eigenen Bedürfnisse zurückstellen.

Das hat mit uns zu tun

Die Kunst im Umgang mit (trauernden) Kindern, die nach Sterben und Tod fragen, besteht darin, dass sich die oder der Begleitende seiner eigenen Ängste, Unsicherheiten und Vorstellungen bewusst ist und die eigenen Reaktionen von denen des Kindes trennen kann. Es ist sehr wichtig, die Wahrnehmungen des Kindes zu respektieren und die Interpretationen ihm selbst zu überlassen. Dabei kann man dem Kind erklären, was eine bestimmte Vorstellung vom Tod bedeutet, was ein Bild bzw. eine Erfahrung an Gefühlen auslöst oder was sein Verhalten in der konkreten Situation ausdrückt.

Das sollen Kinder verstehen

Im Umgang mit Sterben und Tod ist es für Kinder hilfreich, wenn sie verstehen, dass der Tod zum Leben gehört. Er ist für uns Menschen schmerzhafte Realität, und auf Fragen im Zusammenhang mit Sterben und Tod haben auch die Erwachsenen nicht immer eine Antwort.

Der Jahreskreislauf kann Kindern eine anschauliche Hilfe für Werden und Vergehen sein: Wir erleben den Frühling als Zeit des Aufbruchs und des Neubeginns, den Sommer als Wachsen und Reifen, der Herbst spiegelt den Rückzug der Natur und ihrer Lebenskraft wider, und der Winter ist für uns eine Zeit des Ausruhens und der Stille, bis im Frühjahr das Leben wieder erwacht. Diesen Rhythmus bewusst wahrzunehmen und zu erkennen hilft Kindern, sich als Teil des natürlichen Kreislaufes zu verstehen: So wie auf einen Winter wieder ein Frühling folgt, nach einem Abschied ein Neuanfang steht, so wie sich das Kind an der Kindergartentür von den Eltern verabschiedet, so müssen wir im Leben Verluste hinnehmen; etwa wenn die Ferien zu Ende gehen, ein Freund plötzlich wegzieht, die Kindergartenzeit vorbei ist und die Schulzeit beginnt.

Durch Rituale des Abschieds lernen Kinder, den Rhythmus des Lebens wahrzunehmen (sich umarmen und alles Gute wünschen). Sie feiern Feste im Kreislauf der Natur (Erntedankfest), im Lebenslauf (Geburtstage, Namenstage) oder im Jahreszyklus (Ostern, Weihnachten). Kinder, die auf solche Rituale des Abschieds und der Wiederkehr vertrauen, sind beim Verlust einer geliebten Person besser aufgefangen. Es wird spürbar: Leben ist Fortschritt und Entwicklung und verläuft nicht ohne Krisen. Auf diese Weise erfahren Kinder auch, dass dieses Vergehen nicht endgültig ist: Wir wissen uns in einen Kreislauf eingebunden und von unserem Gott gehalten und getragen.

Das können wir miteinander tun

Gefühle äußern, Leid teilen

Alle sitzen am Tisch. Es werden verschiedene Farben, ein Bogen buntes sowie für jeden ein Blatt weißes Papier benötigt. In der Mitte des Tisches liegt ein Bild der/des Verstorbenen sowie der Bogen buntes Papier.

Ein Erwachsener spricht:
»N. N. ist tot. Wir können nicht mehr mit ihr/ihm lachen, direkt sprechen oder sie/ihn umarmen. Jeder von uns hatte seine eigene Beziehung zu ihr/ihm. Denken wir noch einmal in Stille an N. N.« – *Pause*
»Jeder trägt seine eigenen Gedanken in sich, aber viele Erinnerungen teilen wir auch miteinander. Jeder von uns bekommt jetzt ein Blatt Papier. Ihr habt hier verschiedene Farben vor euch. Malt ein Bild, das eure Gefühle, vielleicht auch eine besondere Erinnerung an N. N. festhält.« – *Malphase*

Nach Abschluss der Malphase wird jedes einzelne Bild der Reihe nach in die Mitte gelegt und angeschaut; wer möchte, kann etwas dazu sagen, es können Fragen gestellt werden.

Eine Person spricht ein Gebet:

> Treuer Gott,
> Wir sind sehr traurig, dass N. N. tot ist.
> Wir können ihren/seinen Tod nicht verstehen, und es tut weh, von ihr/ihm getrennt zu sein und zurückzubleiben.
> Wir können nicht mehr gemeinsam lachen, uns umarmen und das Leben teilen. Das ist grausam.
> Wir können nicht verstehen, dass der Tod uns von nun an trennt und vermissen N. N. sehr.
> Steh uns bei in unserer Traurigkeit, treuer Gott,
> und bleibe bei uns.
> Amen.

Erinnerungskerze

Vorbereitung: Eine helle, dickere Kerze, bunte Wachsblättchen oder Farben zum Bemalen von Kerzen. Alle sitzen um den Tisch, in der Mitte ein Bild der verstorbenen Person. Ein Bogen Papier liegt in der Mitte des Tisches, Stifte.

»Wenn wir uns an N. N. erinnern, dann fallen uns bestimmte Erlebnisse ein, Charaktereigenschaften, Dinge, die sie/er gerne tat, besonders liebte oder gegessen hat; Dinge, die typisch für N. N. waren. Jeder von uns erinnert sich bestimmt an solche Momente, Eigenschaften und Besonderheiten von N. N.«

Eine Person hält die benannten Eigenschaften und Erinnerungen fest. Anschließend werden für die Stichworte Symbole gefunden, die aus den Wachsblättchen geformt bzw. mit Farbe auf die Kerze gemalt werden können. Gemeinsam wird besprochen, wie die Kerze mit den Symbolen verziert werden und was sonst noch auf der Kerze Platz finden soll, z. B. der Name des/der Verstorbenen. Während des Verzierens kann jeder noch einmal erzählen, mit welchem Erlebnis ein bestimmtes Symbol zusammenhängt; Erinnerungen können ausgetauscht werden.

»Die Kerze soll an die verstorbene Person erinnern und kann immer dann angezündet werden, wenn wir sie vermissen oder an sie denken.«

Ende und Neubeginn

Dass der Tod zum Leben gehört und auf Dunkelheit Helligkeit folgt, auf Zeiten des Rückzuges und des Kräftesammelns neues Leben, kann Kindern anhand folgender Aktion verdeutlicht werden:

Vorbereitung: Blumenzwiebeln, Gießkanne, kleine Schaufel.

Es ist möglich, dass sich alle gemeinsam um das Grab der verstorbenen Person versammeln. Man kann aber auch einen Blumenkasten mit Erde oder ein Blumenbeet verwenden. Jeder erhält eine Blumenzwiebel.

Ein Erwachsener fragt:
»Was passiert mit der Blumenzwiebel, wenn wir sie nachher in die Erde stecken und regelmäßig gießen?«

Jedes Jahr wächst und blüht die Pflanze, im Winter aber ruht sie als Zwiebel in der Erde, um neue Kräfte für das Wachstum im Frühjahr zu sammeln.

Die Blumenzwiebel, die in der Erde ruht und dann eine blühende Pflanze wird, ist ein Beispiel dafür, dass nach einer dunklen Zeit wieder etwas Neues entstehen kann. Das heißt: Aus unserer Trauer und Verzweiflung über den Tod eines Menschen können wir neuen Lebensmut finden. Und genauso ist der Tod nicht das Ende, sondern es entsteht ein neues, anderes Leben.

Jeder von uns kann jetzt gleich seine Zwiebel pflanzen: Er oder sie gräbt ein Loch, steckt die Blumenzwiebel hinein, bedeckt sie mit Erde und gibt ihr Wasser. Dabei schweigen wir und denken an N. N. Vielleicht können wir in der Stille einen Hoffnungsgedanken für sie/ihn finden.

Der Ort, an dem die Zwiebeln gepflanzt werden, sollte in regelmäßigen Abständen mit den Kindern aufgesucht werden – nicht nur zum Gießen, sondern auch zum Beobachten des Wachstums der Pflanze.

Schlussimpuls für Eltern

Wie geht es mir?

Für Trauernde sind genau diejenigen gute Begleiterinnen und Begleiter, die selbst schon Leid und Tod erfahren haben. Wer bisher unversehrt durchs Leben gekommen ist (falls es so einen Menschen gibt), sollte eher einen Rückschritt machen und im Respekt vor dem Schicksal der Betroffenen nur sehr vorsichtig seine Hilfe anbieten. Wenn Sie bereit sind, sich der Aufgabe der Trauerbegleitung zu stellen, gilt es zu bedenken: An erster Stelle steht die Auseinandersetzung mit Ihren eigenen Gefühlen.

Vorbereitung: Evtl. Fotoalben oder andere persönliche Erinnerungsstücke.

Nehmen Sie sich viel Zeit und suchen Sie einen Ort auf, an dem Sie nicht gestört werden. Denken Sie zurück an Zeiten der Trauer und des Verlustes in Ihrem Leben und besinnen Sie sich auf Ihre eigenen Gefühle und Verhaltensweisen. Fotos oder andere persönliche Erinnerungsstücke können Sie dabei unterstützen.

Falls Ihnen die Reise in die Vergangenheit schwerfällt, helfen Ihnen die nachstehenden Fragen. Versuchen Sie nicht, alle Fragen auf einmal zu beantworten, sondern greifen Sie sich diejenigen heraus, die Ihnen zunächst leichtfallen.

Sorgen Sie dafür, dass Sie jemanden zum Reden haben, wenn Sie merken, dass es Sie belastet, mit den Gedanken allein zu sein.

- *Meine Erfahrung mit dem Sterben:*
  Wo habe ich selbst zum ersten Mal Sterben erlebt – bei wem? Wie alt war ich damals?

- *Gefühle:*
  Was hat mich besonders erschreckt?
  Was habe ich als positiv und tröstlich empfunden (z. B. Zuwendung, Trost, in Ruhe gelassen werden)?

- *Ausdruck:*
  Wie habe ich unmittelbar reagiert (z. B. mit Depression, Aggression, Schweigen)? – Wie habe ich mich später verhalten (viel darüber geredet, mich nicht mehr daran erinnert, Konfrontation damit vermieden/gesucht)?
  Sind das Verhaltensmuster, die ich auch heute noch bei Verlusterfahrungen zeige, oder reagiere ich heute anders?
  Gab es ein Ende meiner Trauer, und woran habe ich das festgemacht?

- *Hilfe:*
  Wer oder was hat mir wie geholfen (z. B. meine Freundin durch Ablenken, meine Lehrerin, weil sie normal weitergemacht hat, mein Vater, weil er meine Wut ausgehalten hat)?

- *Reaktionen auf andere:*
  Kann ich diese (meine) Muster (z. B. Wut, Schweigen) auch bei anderen erkennen und akzeptieren, oder lehne ich sie bei anderen eher ab?
  Kann ich Verhalten, das ich selbst nie gezeigt habe (z. B. Aggression, ständiges Weinen oder so tun, als ob nichts geschehen wäre), bei anderen als Ausdruck von

Trauer verstehen und damit umgehen, oder fällt mir das schwer?

- *Vorstellungen:*
  Was glaube ich, was nach dem Tod passiert?
  Gibt es für mich einen Glauben, der mein Leben und mein Sterben in einen sinnvollen Zusammenhang bringt und über meinen Tod hinausgeht, und wie würde ich diesen beschreiben?
  (Petra Hinderer / Martina Kroth)[17]

Unter Umständen leiten Sie durch die Auseinandersetzung mit diesen Fragen eine Zeit ein, in der Sie sich Ihren schon »abgearbeitet« geglaubten Trauergefühlen und Verlustängsten sowie der eigenen Sterblichkeit erneut stellen müssen. Das ist normal und fast unvermeidlich. Besinnen Sie sich auf das, was Ihnen der Verstorbene bedeutet hat, welche Spuren er in Ihrem Leben hinterlassen hat, was Sie von ihm gelernt haben. Führen Sie sich aber auch Ihr Glück und Ihre Dankbarkeit vor Augen; machen Sie sich klar, dass Sie gerade durch die eigenen Erfahrungen für Kinder in einer solchen Ausnahmesituation zum Vorbild werden können, die Situation zu bewältigen und eines Tages wieder glücklich zu werden, ohne den Toten dabei zu vergessen.[18]

Von der Beerdigung und
von Ritualen
Ralf Gaus

Warum tragen die Menschen bei der Beerdigung schwarze Kleidung? Warum wirft man Erde auf den Sarg und die schönen Blumen? Soll ich für die Toten beten? Sie sind doch schon tot!

Das wissen wir dazu

Mit Sterben, Tod und Begräbnis sind viele öffentliche Rituale verbunden. Wenngleich einige solcher Traditionen nur noch vereinzelt wahrgenommen werden (können), so haben sie doch einen Platz im Bewusstsein der Menschen.

Trauernde verleihen ihrer Situation durch schwarze Kleidung Ausdruck; man bahrt den bzw. die Verstorbene zuhause auf, und Nachbarn kommen, um Abschied zu nehmen; nach der Beerdigung kommen Familie und Gäste zum Essen zusammen.

Rituale geben Halt und Orientierung in Momenten mit hoher emotionaler Verunsicherung; insbesondere in der Zeit unmittelbar nach dem Tod helfen sie etwa, den Tagesablauf zu strukturieren. Der Tod eines Menschen bringt den ganzen Alltag durcheinander. Es ist dann hilfreich und entlastend, zu wissen, was zu tun ist. Wenn uns Menschen aus unserer Umgebung in diesen Traditionen begleiten, fühlen wir uns von der Gemeinschaft aufgehoben und getragen.

Kirchliche oder allgemein religiöse Rituale drücken die Geborgenheit in der Gottesbeziehung aus. Die christlichen Riten und Bräuche im Kontext von Sterben und Tod sind geprägt vom Glauben und von der Hoffnung, dass der Tod nicht das Ende, sondern unser Weg zur Auferstehung ist. In der historischen Betrachtung zeigt sich, dass viele Rituale auch in anderen Religionen vorzufinden waren oder sind. Entscheidend für das Christliche ist ihre Deutung von der Auferweckung her. Deshalb ist bei einem Ritual nicht allein das äußere Zeichen, etwa das Anzünden einer Kerze, wichtig, sondern vor allem die Bedeutung für die Person, welche das Ritual vollzieht.

Wenn Menschen trauern oder zu einer Beerdigung gehen, tragen sie meist schwarze oder dunkle Kleidung. Damit wollen sie vor dem Toten ihren Respekt ausdrücken. Gleichzeitig teilt man den Mitmenschen die Trauer um jemanden mit – andere Menschen, die auf Trauernde treffen, können so auf deren Gefühle Rücksicht nehmen.

Das Leid bei einem Todesfall ist nicht nach kurzer Zeit vorüber, und es dauert, bis sich wieder Normalität einstellt. Vielfach treten Kummer und Schmerz über den Verlust erst nach Monaten zutage. Dann ist es gut, wenn das Umfeld durch Trauerkleidung daran erinnert wird, dass diese Person jemanden verloren hat und trauert. Aus diesem Grund haben früher Menschen, die nahe Angehörige wie etwa den Ehepartner verloren haben, ein Jahr lang schwarze Kleidung getragen.

Ein wichtiger Ort für die Trauer ist der Friedhof. Er bietet die Möglichkeit, die verstorbene Person am Grab zu »besuchen«, mit ihr in Kontakt zu bleiben und sich an sie zu erinnern. Die Namen auf den Grabsteinen zeigen, dass unsere Verstorbenen nicht aufhören zu existieren, nur weil sie tot sind. Viele Menschen haben das Gefühl, dass sie mit der bzw. dem Verstorbenen noch nicht alles geklärt haben; vielleicht hatte man einen Streit und möchte noch sagen, dass es einem leid tut, dass man sich schuldig fühlt und dass man die tote Person sehr gern hatte. Ein konkreter Ort, an dem man sich der verstorbenen Person nahe fühlt, ist dann sehr wichtig.

Wenn der Sarg in die Erde gelassen wird, ist dies ein deutliches Zeichen dafür, dass der Tod endgültig ist und wir uns hier von dem Toten verabschieden müssen; zugleich bringen die Handlungen und Gebete der Bestattungsliturgie aber auch unsere Hoffnung auf Auferstehung zum Ausdruck. So wirft der Pfarrer Erde auf den Sarg und spricht dabei: »Von der Erde bist du genommen, und zur Erde kehrst du zurück. Der Herr aber wird dich auferwecken.« Danach macht er ein Kreuzzeichen oder steckt ein Kreuz in die Erde und spricht: »Im Kreuz unseres Herrn Jesus Christus ist Auferstehung und Heil. Der Friede sei mit dir.«

Aus diesem Grund sprechen wir auch – nach alter Tradition – Gebete für die Toten. So bleiben wir über den Tod hinaus mit ihnen verbunden; wir werden nicht getrennt, sondern gehören weiterhin zusammen. Das Gebet für den Toten ist somit als Fürbitte zu begreifen. Wir bitten Gott, dass er die Verstorbenen zu sich nehmen und ihnen das ewige Leben schenken möge.

Auf den Gräbern finden wir heute fast immer Lichter. Im Mittelalter verstand man diese als Mahnung, für die Toten ein Gebet zu sprechen. Schon die Römer stellten an den Gräbern ihrer Verstorbenen Kerzen auf, allerdings vor einem heidnischen Hintergrund: Sie sollten die lichtscheuen bösen Geister abschrecken. Diese heidnische Deutung lehnten Christen zunächst ab, integrierten die Tradition der Lichter an den Gräbern später aber doch in ihren Glauben: Die Kerzen sollen erinnern an Christus als Licht der Welt (»Ich bin das Licht der Welt«, Joh 8,12) sowie daran, dass wir Christen selbst für die anderen Menschen Licht und Helligkeit sein sollen (»Ihr seid das Licht der Welt« Mt 5,14; Eph 5,14).

Neben Kerzen stellen viele Gläubige Blumen auf das

Grab. Auch diese Tradition gab es schon vor den Christen. Blumen, Blätter oder Bäume waren in der Antike ein Zeichen der Liebe, Achtung und Verehrung für den Verstorbenen. So legten etwa die Ägypter den Toten Blumen und Sträucher mit ins Grab, damit diese sich an dem Geruch erfreuen konnten. Darüber hinaus hatten Pflanzen und Blumen immer auch eine symbolische Bedeutung, die heute jedoch meist verschwunden ist. Sie waren seit jeher Zeichen für den ewigen Kreislauf von Werden und Vergehen und im Mittelalter ein Symbol für das kommende Reich Gottes. Der auf Friedhöfen häufig anzutreffende immergrüne Buchsbaum steht für die Hoffnung auf die Auferweckung und das ewige Leben.

Das hat mit uns zu tun

Daran, wie wir mit unseren Toten umgehen und sie bestatten, können wir erkennen, wie wir über den Tod und die Verstorbenen denken. Das Begräbnis als öffentliches Ritual ist dabei ein Zeichen der Würdigung des Verstorbenen. Angehörige, Freunde und Bekannte erweisen ihm die »letzte Ehre«. Es ist ein »letztes Fest« mit dem und für den Verstorbenen.

Ebenso drückt sich darin auch unser Respekt gegenüber den Angehörigen aus. Mit dem Besuch der Trauerfeier oder einem Kondolenzbesuch zeigen wir unsere Verbundenheit mit ihnen. Auch in dieser schweren Zeit lassen wir sie nicht allein. Sie merken, dass wir für sie da sind und dass das Leben weitergeht.

Rituale und Bräuche um den Tod helfen, bewusst Abschied zu nehmen und mit der Trauer zu leben. In ihnen haben unsere Gefühle einen Platz. Die Teilnahme an diesen Ritualen, wie etwa der Beerdigung oder einem Jahrestag – auch wenn wir von dem Tod der Person nicht unmittelbar betroffen sind – macht uns mit solchen Situationen vertraut und lässt uns Vergänglichkeit und Tod als etwas Natürliches erleben. Gleichzeitig verdeutlichen die anwesenden Gäste, dass wir mit unserer Trauer nicht allein sind: Die Erfahrungen von Sterben und Tod werden von allen Menschen geteilt.

Riten entfalten ihren Wert in der gelebten Wiederholung. In dem Moment, in dem wir mit einem Todesfall konfrontiert werden, geben sie uns Sicherheit und Halt, verleihen Orientierung in unseren Gefühlen der Angst, Unsicherheit, Hilflosigkeit oder Wut.

Das sollen Kinder verstehen

Rituale helfen uns, schwierige Situationen zu meistern. Sie tun uns gut. Und sie verdeutlichen, dass wir nicht die Einzigen sind, die diese Situation und Erfahrung erleben: Im Angesicht von Sterben und Tod dürfen wir uns von einer Gemeinschaft getragen wissen.

Bräuche und Riten sind nicht als strenge Formeln zu verstehen, sondern als Angebote der Orientierung und des Halts. Zeichen und Rituale bleiben so nicht äußerliches Beiwerk, sondern machen Grundüberzeugungen und Gefühle wahrnehmbar. Die christlichen Rituale bringen dabei die Hoffnung und den Glauben zum Ausdruck, dass der Tod nicht das Ende ist, sondern dass wir auferweckt werden.

Das können wir miteinander tun

Sterbende im Krankenhaus besuchen oder zu einem Begräbnis gehen

Unter Eltern wird häufig diskutiert, ob das Kind mit zu einem Sterbenden ins Krankenhaus oder mit zu einem Begräbnis gehen soll. Eltern sollten diese Bereiche nicht vor Kindern tabuisieren und heimlich dorthin gehen (»Ich muss noch etwas besorgen«), sondern ihre Kinder vielmehr zum Mitgehen einladen, sie aber nicht dazu überreden oder zwingen. So können Kinder frühzeitig – in Begleitung von Eltern oder Angehörigen – Erfahrungen mit Tod und Trauer sammeln. Wenngleich der Umgang mit dem Tod wohl auch im Erwachsenenalter nie ganz selbstverständlich sein wird, so wird auf diese Weise bereits früh eine angstfreiere Haltung gegenüber der Endlichkeit des Lebens grundgelegt.

Nach einem Besuch im Krankenhaus bzw. bei einer Beerdigung sollten Kinder jemanden haben, den sie fragen oder dem sie ihre Eindrücke schildern können. Ferner sollte man sie im Vorfeld mit den Dingen vertraut machen, die ihnen begegnen werden. Hilfreich ist es etwa, wenn Kinder einiges über den Rahmen einer Beerdigung wissen (Ablauf, Kondolieren, schwarze Kleidung etc.) und auch auf die Gefühlsregungen der Anwesenden vorbereitet sind. Gleichzeitig können Eltern ihnen dann auch erklären, wie sie sich selbst angemessen verhalten können und sollen.

Einen Friedhof besuchen

Wenn Kinder wollen, kann man mit ihnen einen Friedhof besuchen. So können sie die unterschiedlichen Gräber betrachten und eventuell etwas über verstorbene Personen und deren Glauben erfahren. Auf einem städtischen Friedhof wird man eventuell auch Gräber von Menschen finden, die andersgläubig sind oder gar keiner Glaubensrichtung angehören. Eventuell finden sich auf dem Friedhof auch Ruhestätten von ehemals wichtigen Personen, wie etwa Politikern, oder Grabmäler aus früheren Jahrhunderten, die sich von den anderen Gräbern unterscheiden.

Was sehen wir? Wie sehen die Gräber aus? Wie unterscheiden sie sich voneinander? Was erzählt der Grabstein oder das Grab von der Person? Welche Hoffnung drückt sich dort aus?

Ein Erinnerungsalbum basteln

Es werden benötigt: ein Fotoalbum, Klebstoff, Klebeecken, verschiedene bunte Stifte und Schreiber, Fotos der verstorbenen Person, Erinnerungsstücke, selbstgestaltete Fotos, alle Gegenstände, die man mit der bzw. dem Verstorbenen in Verbindung bringt und die man gerne einkleben möchte.

Eltern und Kinder gestalten gemeinsam ein Fotoalbum als Andenken an die verstorbene Person. Neben Fotos und anderen Dingen können die Seiten auch mit Zitaten oder Segensworten versehen werden. Während des Bastelns kann jeder und jede Geschichten von der verstorbenen Person erzählen. Damit werden nicht nur Bilder zusammengetragen, sondern auch Erinnerungen.

Kondolenztisch gestalten

Es werden benötigt: ein Tisch, evtl. eine Tischdecke, Buch mit leeren Seiten, Blumen, Tücher, Stifte in verschiedenen Farben, evtl. Kerzen, evtl. ein Bild von der verstorbenen Person.

Wenn in der Schule oder im Kindergarten jemand stirbt, kann die Gruppe oder Klasse einen Kondolenztisch gestalten. Dazu sollte ganz bewusst ein Ort im Klassen- oder Gruppenraum gewählt werden, an dem dieser Tisch auch eine Weile stehen kann. Dort wird ein Buch ausgelegt, in das alle aus der Schule oder dem Kindergarten etwas schreiben oder malen können. So haben sie die Möglichkeit, ihre eigenen Gedanken – auch anonym – festzuhalten.

Erinnerungsfeier gestalten

Zum Todestag kann mit Kindern eine Erinnerungsfeier veranstaltet werden. Vielleicht kann hierzu ein Pfarrer oder ein pastoraler Mitarbeiter gewonnen werden. Kinder und Erwachsene können Blumen, selbst gestaltete Bilder oder auch Zettel mit eigenen Gedanken und Wünschen auf das Grab legen. Es können Gebete gesprochen und Lieder gesungen werden, die die Kinder vorbereitet haben. Nach der Feier sollte genügend Raum sein, um Gespräche über die verstorbene Person oder den Tod zu ermöglichen.

Schlussimpuls für Eltern

Beim Aufgang der Sonne
und bei ihrem Untergang
erinnern wir uns an sie.

Beim Wehen des Windes
und in der Kälte des Winters
erinnern wir uns an sie.

Beim Öffnen der Knospen
und in der Wärme des Sommers
erinnern wir uns an sie.

Beim Rauschen der Blätter
und in der Schönheit des Herbstes
erinnern wir uns an sie.

Zu Beginn des Jahres
und wenn das Jahr zu Ende geht
erinnern wir uns an sie.

Wenn wir müde sind
und Kraft brauchen
erinnern wir uns an sie.

Wenn wir Freude erleben,
die wir so gerne teilen würden,
erinnern wir uns an sie.

Solang wir leben, werden auch sie leben,
denn sie sind nun ein Teil von uns,
wenn wir uns an sie erinnern.
(Jüdisches Gebet)

Vom Salben der Kranken und Sterbenden

Albert Biesinger

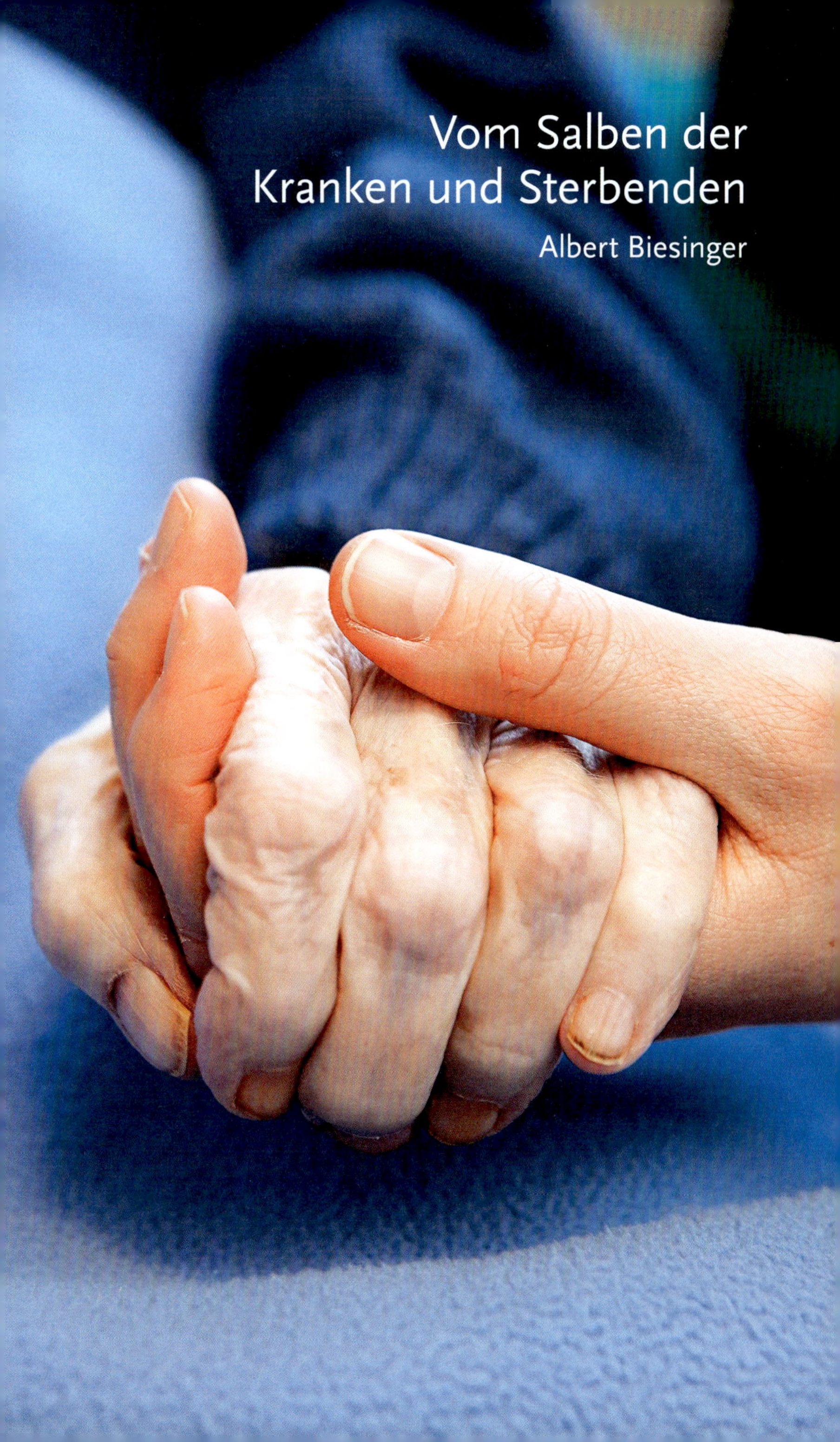

Warum salbt man Kranke und Sterbende mit heiligem Öl? Was kommt dabei zum Ausdruck? Woher kommt das heilige Öl und wie sieht es aus? Können Kranke und Sterbende auch mehrmals gesalbt werden? Dürfen Kinder bei der Krankensalbung dabei sein? Was passiert bei der Krankensalbung?

Das wissen wir dazu

Salbung ist ein Akt der Würdigung und Wertschätzung des Menschen. Das Alte Testament erzählt davon, dass Könige, Priester und Propheten mit heiligem Öl gesalbt wurden und ihnen damit eine besondere Würde verliehen wurde. Das heilige Öl wird »Chrisam« genannt und aus Olivenöl mit Balsam hergestellt. Geweiht wird es am Montag der Karwoche in einer eigenen Messe. Das Wort »Chrisam« ist verwandt mit »Christus«: Er ist »der Gesalbte Gottes«.

Wenn bei der Taufe das Kind mit Chrisam gesalbt wird, so kommt auch dort diese Bedeutung zum Tragen: Ich salbe dich mit heiligem Öl als Zeichen dafür, dass du ein Königskind bist in der Königsherrschaft Jesu Christi.

Bei der Salbung von Kranken und Sterbenden wird dies am Ende des Lebens erneut gefeiert, aber mit einem zusätzlichen Sinn: Gott lässt dich auch in der Stunde der Not und der Krankheit nicht allein. Er bleibt uns nahe, gerade wenn es dunkel wird und wir verzweifelt sind. Die Salbung mit Chrisam zeigt: Der Gesalbte, Jesus Christus, ist bei dir und begleitet dich durch deine Not und auf deiner schwierig gewordenen Wegstrecke. Taufe und Krankensalbung verstehen wir damit als Sakramente: Sie sind Handlungen, die eine unsichtbare Wirklichkeit zeichenhaft erfahrbar machen.

Gerade angesichts der Diskussionen über den Wert und »Unwert« kranker und alter Menschen ist die Krankensalbung ein kritisches und geradezu revolutionäres Ritual. Der Mensch ist nicht einfach ein Kostenfaktor, dessen man sich möglichst rasch entledigt. Vielmehr wird Kranken und Sterbenden im Sakrament der Krankensalbung zugesagt: Du hast eine unantastbare Würde, die dir niemand nehmen kann, auch kein gesellschaftlicher oder finanzieller Druck.

Krankensalbung ist Beistand, Tröstung, Ermutigung, Stärkung. Man kann sie auch mehrmals empfangen. Zwar wird sie nicht mehr wie früher als »Letzte Ölung« verstanden (»Oh je, jetzt kommt schon der Pfarrer …«); das Sterbebett und die Situation im Krankenhaus vor einer schwierigen Operation sind aber dennoch Orte, an denen das Sakrament für die Empfangenden wie auch für die Angehörigen von besonderer Bedeutung ist. Ferner wird die Krankensalbung heute in vielen Gemeinden bzw. Altersheimen regelmäßig auch in der Kirche mit mehreren Kranken und ihren Angehörigen gefeiert, sodass die Menschen selbst entscheiden können, wann für sie der richtige Zeitpunkt ist.

Kinder sollen bei der Feier der Krankensalbung mit dabei sein und mitfeiern. Sie erfahren damit etwas vom Geheimnis des Lebens, des Sterbens und der Hoffnung auf Auferweckung und können so dem Kranken bzw. Sterbenden auch im Gebet und in der Feier nahe bleiben.

Das sollen Kinder verstehen

Abschied nehmen

Es gibt Situationen, in denen es an der Zeit ist, einen schwerkranken Menschen gehen zu lassen und sich nicht festzuklammern und ihm den Abschied zu erschweren. Der Abschied ist unumgänglich, und er fordert seinen rechten Moment.

Sowohl für den Begleitenden als auch für den Sterbenden ist es eine Situation, die man nicht üben kann. Spontan zu reagieren und den ersten Schritt zu machen ist in der Regel richtiger als sich hinterher selbst den Vorwurf zu machen: »Eigentlich hätte ich deutlicher reden sollen, mich noch einmal bedanken können für das, was mir dieser Mensch Gutes getan, wie er oder sie mein Leben positiv begleitet hat und mir ›Engel am Wege‹ war.«

Jedes Sterben ist anders. Der Salzburger Sterbebegleiter Peter Czizsek berichtet, dass man auch nach einer Hospizausbildung immer noch auf sich selbst angewiesen ist und seiner Intuition vertrauen muss, wie in der konkreten Situation richtig zu handeln ist. Der eigentliche Lernprozess ist die Sterbebegleitung selbst, bei der man Schritt für Schritt eigene Ängste verliert, mehr Sicherheit gewinnt und damit auch langsam kompetenter reagieren kann.

Allein schon dabeizusitzen, die Hand zu halten und über das zu sprechen, was gerade ansteht, ist eine wichtige Form des Beistandes. Darauf zu vertrauen, dass wir in solchen Lebenssituationen Gott mitten unter uns haben, kann spirituell eine große Hilfe für beide Seiten sein. Gott entfernt sich nicht, wenn es dunkel wird. In seinem Sohn Jesus Christus ist er durch die Dunkelheit des Todes hindurchgegangen, er hat den Tod selbst durchlitten.

Es hilft, am Sterbebett offen und intensiv über das gemeinsame Leben zu sprechen, mit Dank zu erinnern an die schönen Situationen: »Weißt du noch, als du mich damals abgeholt hast, als es mir nicht gut ging? … Erinnerst du dich noch an unser Fest, als du diese gute Rede gehalten hast?« Damit wird das gemeinsame Leben gewürdigt, es steigen Bilder auf, die uns bewegt haben, für die wir dankbar sind.

Aber auch Situationen des Streites sollen zur Sprache kommen: »Du weißt ja, dass ich mich damals sehr über dich aufgeregt und dich beschimpft habe. Heute tut mir das sehr leid …«

Entscheidend ist es, mit schwerkranken Menschen nicht erst darüber zu sprechen, wenn sie kaum mehr dazu in der Lage sind, sondern bereits früher. Für Sterbende ist es heilsam, wenn sie das, was sie belastet und was sie bisher nicht besprechen und lösen konnten, wenigstens in dieser Phase ihres Lebens loslassen können. Loslassen hat mit Lösung zu tun.

Das Wort Er-Lösung hat seinen tieferen Zusammenhang darin, dass beide Seiten loslassen können und es von der Seite Gottes eine Lösung auch für die Schuld des Menschen gibt, dass Gott selbst den Menschen davon befreit. Viele schieben etwas Belastendes vor sich her, anstatt es zu bearbeiten und möglicherweise aufzulösen.

Es ist für Kinder von Bedeutung, dass sie der Oma und dem Opa noch sagen können: »Ich habe dich sehr lieb. Manchmal habe ich dich geärgert, aber du weißt ja, dass ich dich sehr lieb habe.« Vor allem wenn Geschwister sterben, ist es für Kinder wichtig, sich zu versöhnen. Es ist normal, dass Geschwister sich streiten. Dennoch leiden Kinder, die Bruder oder Schwester verloren haben, oft unter der quälenden Überzeugung, dass das tote Geschwisterkind deswegen gestorben ist, weil sie zu ihm nicht »lieb« gewesen seien. Für Kinder ist die Erfahrung von Sterben und Tod nicht selten mit Schuldgefühlen verbunden. Ein Kind, dessen Mutter auf der Krebsstation im Sterben lag, äußerte: »Ich werde jetzt immer ganz lieb sein, damit meine Mama nicht sterben muss …« Mit einem solchen Kind darüber zu sprechen, dass die schwere Krankheit der Mama nichts mit seinem Handeln zu tun hat, ist sehr erlösend und heilsam. Und ebenso gilt es auch, sich mit der eigenen Hilflosigkeit zu versöhnen.

Das können wir miteinander tun

Lieblingslied

Abschied nehmen zu können ist eine besondere Herausforderung, jedoch auch eine Gabe. In der Familie – aber auch im Krankenhaus – versammeln sich z. B. alle um den Sterbenden herum und singen ihm sein Lieblingslied. Der sterbende Mensch ist schon zwischen Leben und Tod, aber er reagiert noch. Und für die Angehörigen – die Kinder sind selbstverständlich dabei – ist dies ein Weg, der die Angst nimmt; ein Akt der Verbundenheit und des Dankes.

Wie die Krankensalbung gefeiert wird

Im Zimmer des Kranken werden nach Möglichkeit ein Tisch mit Kreuz, Kerzen, Blumen und Weihwasser hergerichtet. Angehörige und Freunde, vielleicht auch Nachbarn des Kranken, können an dieser Feier teilnehmen.

Priester: Der Friede sei mit diesem Haus und mit allen, die darin wohnen.

Er nimmt Weihwasser, bekreuzigt sich damit, und besprengt damit die Anwesenden und das Zimmer.

Priester: Aus dem Wasser und dem Heiligen Geist hat Gott uns neues Leben geschenkt. Wir sind getauft im Namen des Vaters und des Sohnes und des Heiligen Geistes.

Der Priester spricht ein Eröffnungsgebet oder eine Einführung. Nun kann die Beichte abgelegt werden. Dabei ist der Priester mit dem Kranken allein. Wenn keine Beichte erfolgt, sprechen alle gemeinsam das Allgemeine Schuldbekenntnis.

Priester: Brüder und Schwestern, damit wir die Feier der Krankensalbung in der rechten Gesinnung begehen, prüfen wir uns selbst und bekennen unsere Schuld.
Alle: Ich bekenne Gott, dem Allmächtigen, und allen Brüdern und Schwestern, dass ich Gutes unterlassen und Böses getan habe – ich habe gesündigt in Gedanken, Worten und Werken – durch meine Schuld, durch meine Schuld, durch meine große Schuld. Darum bitte ich die selige Jungfrau Maria, alle Engel und Heiligen und euch, Brüder und Schwestern, für mich zu beten bei Gott, unserem Herrn.
Priester: Der allmächtige Gott erbarme sich unser. Er lasse uns die Sünden nach und führe uns zum ewigen Leben.
Alle: Amen.

Danach wird von einem Anwesenden oder vom Priester selbst ein Abschnitt aus der Heiligen Schrift vorgelesen, zum Beispiel:

> Lesung aus dem heiligen Evangelium nach Matthäus (8, 5–10.13):
> Als Jesus nach Kafarnaum kam, trat ein Hauptmann an ihn heran und bat ihn: Herr, mein Diener liegt gelähmt zu Hause und hat große Schmerzen. Jesus sagte zu ihm: Ich will kommen und ihn gesund machen. Da antwortete der Hauptmann: Herr, ich bin nicht wert, dass du mein Haus betrittst; sprich nur ein Wort, und mein Diener wird gesund. Auch ich muss Befehlen gehorchen und ich habe selber Soldaten unter mir; sage ich nun zu einem: Geh!, so geht er, und zu einem anderen: Komm!, so kommt er, und zu meinem Diener: Tu das!, so tut er es. Jesus war erstaunt, als er das hörte, und sagte zu denen, die ihm nachfolgten: Amen, das sage ich euch: Einen solchen Glauben habe ich in Israel noch bei niemand gefunden. Und zum Hauptmann sagte Jesus: Geh! Es soll geschehen, wie du geglaubt hast. Und in derselben Stunde wurde der Diener gesund.

In den folgenden Fürbitten wird der Kranke dem Herrn, dem Heiland der Menschen, anempfohlen:

> *Priester:* Aus der Kraft unseres gemeinsamen Glaubens wenden wir uns in vertrauensvollem Gebet an den Herrn und bitten ihn inständig für unseren Bruder (unsere Schwester) N.: Erbarme dich, Herr, und stärke deinen Diener (deine Dienerin) mit der heiligen Salbung.
> *Alle:* Wir bitten dich, erhöre uns.
> *Priester:* Mache ihn (sie) frei von allem Übel.

Alle: Wir bitten dich, erhöre uns.

Priester: Mache es den Kranken in diesem Haus leichter, ihre Leiden anzunehmen.

Alle: Wir bitten dich, erhöre uns.

Priester: Stehe all denen bei, die sich in dienender Sorge der Kranken annehmen.

Alle: Wir bitten dich, erhöre uns.

Priester: Bewahre diesen Kranken (diese Kranke) vor aller Sünde und Anfechtung.

Alle: Wir bitten dich, erhöre uns.

Priester: Schenke ihm (ihr), dem (der) wir jetzt in deinem Namen die Hände auflegen, Leben und Heil.

Alle: Wir bitten dich, erhöre uns.

Nun legt der Priester schweigend dem Kranken eine Zeitlang die Hände auf. Steht vom Bischof geweihtes Krankenöl zur Verfügung, spricht der Priester den Lobpreis und die Anrufung über dem Öl.

Priester: Sei gepriesen, Gott, allmächtiger Vater: Für uns und zu unserem Heil hast du deinen Sohn in diese Welt gesandt. Wir loben dich.

Alle: Wir preisen dich.

Priester: Sei gepriesen, Gott, eingeborener Sohn: Du bist in die Niedrigkeit unseres Menschenlebens gekommen, um unsere Krankheiten zu heilen. Wir loben dich.

Alle: Wir preisen dich.

Priester: Sei gepriesen, Gott, Heiliger Geist, du unser Beistand: Du gibst uns Kraft und stärkst uns in den Gebrechlichkeiten unseres Leibes. Wir loben dich.

Alle: Wir preisen dich.

Priester: Herr, schenke deinem Diener (deiner Dienerin), der (die) mit diesem heiligen Öl in der Kraft des Glau-

bens gesalbt wird, Linderung seiner (ihrer) Schmerzen und stärke ihn (sie) in seiner (ihrer) Schwäche. Durch Christus, unseren Herrn.
Alle: Amen.

Steht kein vom Bischof geweihtes Krankenöl zur Verfügung, segnet der Priester das Öl und salbt den Kranken auf der Stirn und auf den Händen. Er spricht bei der Salbung auf der Stirn:

Priester: Durch diese heilige Salbung helfe dir der Herr in seinem reichen Erbarmen, er stehe dir bei mit der Kraft des Heiligen Geistes.
Alle: Amen.

Bei der Salbung auf den Händen spricht er:

Priester: Der Herr, der dich von Sünden befreit, rette dich, in seiner Gnade richte er dich auf.
Alle: Amen.

Dann spricht der Priester ein Gebet über den Kranken und leitet über zum gemeinsamen Vaterunser:

Vater unser im Himmel,
geheiligt werde dein Name.
Dein Reich komme.
Dein Wille geschehe,
wie im Himmel so auf Erden.
Unser tägliches Brot gib uns heute.
Und vergib uns unsere Schuld,
wie auch wir vergeben unseren Schuldigern.
Und führe uns nicht in Versuchung,

sondern erlöse uns von dem Bösen.
Denn dein ist das Reich und die Kraft
und die Herrlichkeit in Ewigkeit.
Amen.

Danach kann der Kranke, wenn er möchte, die Kommunion empfangen. Die Feier der Krankensalbung schließt mit dem Segen des Priesters:

Priester: Es segne dich Gott, der Vater.
Alle: Amen.
Priester: Es heile dich Gott, der Sohn.
Alle: Amen.
Priester: Es stärke dich Gott, der Heilige Geist.
Alle: Amen.
Priester: Er behüte dich und richte dich wieder auf.
Alle: Amen.
Priester: Er erfülle dein Herz mit seinem Licht und führe dich zum himmlischen Leben.
Alle: Amen.
Priester: Es segne dich (und euch alle, die ihr hier versammelt seid) der allmächtige Gott, der Vater und der Sohn und der Heilige Geist.
Alle: Amen.

Schlussimpuls für Eltern

Schließ auf das Land, das keine Grenzen kennt

Ich steh vor dir mit leeren Händen, Herr;
fremd wie dein Name sind mir deine Wege.
Seit Menschen leben, rufen sie nach Gott;
mein Los ist Tod, hast du nicht andern Segen?
Bist du der Gott, der Zukunft mir verheißt?
Ich möchte glauben, komm mir doch entgegen.

Von Zweifeln ist mein Leben übermannt,
mein Unvermögen hält mich ganz gefangen.
Hast du mit Namen mich in deine Hand,
in dein Erbarmen fest mich eingeschrieben?
Nimmst du mich auf in dein gelobtes Land?
Werd ich dich noch mit neuen Augen sehen?

Sprich du das Wort, das tröstet und befreit
und das mich führt in deinen großen Frieden.
Schließ auf das Land, das keine Grenzen kennt,
und lass mich unter deinen Kindern leben.
Sei du mein täglich Brot, so wahr du lebst.
Du bist mein Atem, wenn ich zu dir bete.
(Huub Oosterhuis)[19]

Zu den Autoren

Albert Biesinger, Dr. theol., ist Familienvater und Opa. Als Diakon und Professor für Religionspädagogik, Kerygmatik und Erwachsenenbildung (Universität Tübingen) bringt er Menschen die Freude am Glauben näher. Er ist Vorstand der Stiftung »Gottesbeziehung in Familien« (www.stigofam.de).

Edeltraud Gaus ist Mutter von zwei Kindern und arbeitet als Gymnasiallehrerin für katholische Religion / Französisch und ist wissenschaftliche Mitarbeiterin am Lehrstuhl für Religionspädagogik, Kerygmatik und Erwachsenenbildung (Universität Tübingen). Sie ist zugleich Beraterin und Kommunikationstrainerin nach dem personenzentrierten Ansatz (GwG).

Ralf Gaus, Dr. theol., ist Vater von zwei Kindern. Er arbeitet als Referent für Globales Lernen (Misereor) und als Religionslehrer für die Diözese Rottenburg-Stuttgart. Daneben ist er Lehrbeauftragter für Religionspädagogik und Katechetik an der Philosophisch-Theologischen Hochschule in Münster.

Hinweise zum Weiterlesen

Zu Teil 1

Für Kinder:

Knop, Julia, *Die großen Fragen des Lebens für kleine Philosophen,* Freiburg i. Br. ^{2}2010.
Scheffler, Ursel, *Herders Kinderbibel,* Freiburg i. Br. ^{8}2009.

Für Erwachsene:

Deselaers, Paul / Sattler, Dorothea, *Es wurde Licht. Die Botschaft der biblischen Schöpfungstexte,* Freiburg i. Br. 2005.
Hagencord, Rainer, *Gott und die Tiere: Ein Perspektivenwechsel,* Kevelaer 2008.
Misereor (Hrsg.): »Gottes Schöpfung bewahren, damit alle leben können« – Arbeitsheft zum *Hungertuch,* Aachen 2009.
Schroer, Silvia, *Tiere in der Bibel. Eine kulturgeschichtliche Reise,* Freiburg i. Br. 2010.
Sekretariat der Deutschen Bischofskonferenz (Hrsg.), *Wenn du den Frieden willst, bewahre die Schöpfung. Welttag des Friedens 1. Januar 2010,* Bonn, Sekretariat der Deutschen Bischofskonferenz 2009.
Weber, Andreas, *Mehr Matsch! Kinder brauchen Natur,* Berlin 2012.

Zu Teil 2

Biesinger, Albert, *Verbinde dich mit dem Himmel. Ein Geschenkbuch für Kinder,* München 2007.

Biesinger, Albert / Gaus, Edeltraud / Gaus, Ralf, *Warum müssen wir sterben? Wenn Kinder mehr wissen wollen,* Freiburg i. Br. 2008.

Dienberg, Thomas, *Einlassen. Die christliche Kunst des Betens,* Stuttgart 2006.

Gärtner, Heiderose, *O Gott, mein Kind will beten!* München 2002.

Groschen, Erwin / Geisler, Dagmar, *Du bist für uns da. 250 Kindergebete,* Stuttgart 2007.

Käßmann, Margot (Hrsg.), *Fünf Minuten mit dem lieben Gott. 365 Andachten für Kinder und die ganze Familie,* Neukirchen-Vluyn 2008.

Langen, Annette, *Kinderbibel in 5-Minuten-Geschichten,* Freiburg i. Br. 2009.

Weinhold, Angela, *Wieso? Weshalb? Warum? Unsere Religionen,* Ravensburg 2008.

Wiesel, Elie, *Macht Gebete aus meinen Geschichten,* Freiburg i. Br. 1986.

Zu Teil 3

Ennulat, Gertrud, *Kinder trauern anders. Wie wir sie einfühlsam und richtig begleiten,* Freiburg i. Br. 42008.

Franz, Margit, *Tabuthema Trauerarbeit: Kinder begleiten bei Abschied, Verlust und Tod,* München 32008.

Friedrich, Bärbel / Korgiel, Elisabeth / Salzmann, Jan, *Warum nur, Gott? Glaube und Zweifel nach dem Tod eines Kindes,* Gütersloh 2012.

Gordon, Thomas, *Familienkonferenz. Die Lösung von Konflikten zwischen Eltern und Kind,* München 1989.

Hinderer, Petra / Kroth, Martina: *Kinder bei Tod und Trauer begleiten, konkrete Hilfestellungen in Trauersituationen für Kindergarten, Grundschule und zu Hause,* Münster 2005.

Schwikart, Georg (Hrsg.), *Schließ auf das Land, das keine Grenzen kennt. Gebete mit Sterbenden,* Freiburg i. Br. 2008.

Specht-Tomann, Monika / Tropfer, Doris, *Wir nehmen jetzt Abschied. Kinder und Jugendliche begegnen Sterben und Tod,* Düsseldorf 2011.

Tausch-Flammer, Daniela / Bickel, Lis, *Wenn Kinder nach dem Sterben fragen. Ein Begleitbuch für Kinder, Eltern und Erzieher,* Freiburg i. Br. 10 2008.

Varley, Susan, *Leb wohl, lieber Dachs,* Wien 1984.

Walbrecker, Dirk / Mair, Martina, *Ist Omi jetzt ein Engel?* München 2006.

Bilderbücher:

Bauer, Jutta, *Opas Engel,* Hamburg 2003.

Hermann, Inger / Solé-Vendrell, Carme, *Du wirst immer bei mir sein,* Düsseldorf 4 2000.

Kaldhol, Marit, *Abschied von Rune,* München 10 1995.

Quellennachweise

Bauer, Jutta, *Opas Engel,* Hamburg 2001.

Biesinger, Albert / Münch, Julia / Schweitzer, Friedrich, *Glaubwürdig unterrichten. Biographie – Glaube – Unterricht,* Freiburg i. Br. 2008.

Camara, Dom Helder, *Mach aus mir einen Regenbogen,* München und Zürich 1981.

Franz, Margit: *Tabuthema Trauerarbeit. Erzieherinnen begleiten Kinder bei Abschied, Verlust und Tod,* München 2009.

Garritzmann, Hermann u. a. (Hrsg.), *Durch das Jahr – durch das Leben. Hausbuch der christlichen Familie,* ²München 2000.

Gruber, Elmar, *Die Bibel in 365 Geschichten erzählt,* Freiburg i. Br. ¹⁸2007.

Hinderer, Petra / Kroth, Martina: *Kinder bei Tod und Trauer begleiten,* Münster ²2005.

Mülling, Christina / May, Sigmunda, *Spurensuche: Mit Franziskus die Melodie Gottes erlauschen. Ein geistlicher Begleiter zu den franziskanischen Stätten,* Werl 1999.

Naegeli, Antje S., *Die Nacht ist voller Sterne. Gebete in dunklen Stunden,* Freiburg i. Br. 2009.

Oosterhuis, Huub: *Du bist der Atem und die Glut. Gesammelte Meditationen und Gebete,* Freiburg i. Br. 1994.

Schmidt-Hewing, Rita / Miggelbrink, Anna (Hrsg.), *Ich bin die Auferstehung und das Leben. Das Totengebet in der Gemeinde,* Freiburg i. Br. 2009.

Schwarz, Andrea: *Du Gott des Weges segne uns. Gebete und Meditationen,* Freiburg i. Br. 2008.

Weinhold, Angela: *Wieso? Weshalb? Warum? Unsere Religionen,* Ravensburg 2008.

Wiesel, Elie: *Macht Gebete aus meinen Geschichten,* Freiburg i. Br. 1986.

Anmerkungen

1 Vgl. Markus 5, aus der Kinderbibel von Elmar Gruber: *Die Bibel in 365 Geschichten erzählt,* © Verlag Herder, Freiburg i. Br. [18]2007.

2 Dom Helder Camara, aus: *Mach aus mir einen Regenbogen,* © Pendo Verlag in der Piper Verlag GmbH, München und Zürich 1981.

3 Antje S. Naegeli, *Die Nacht ist voller Sterne. Gebete in dunklen Stunden,* © Verlag Herder, Freiburg i. Br. 2009.

4 Elie Wiesel, *Macht Gebete aus meinen Geschichten,* © Verlag Herder, Freiburg i. Br. 1986.

5 Andrea Schwarz, *Du Gott des Weges segne uns. Gebete und Meditationen,* © Verlag Herder, Freiburg i. Br. 2008.

6 Das Gebet ist entnommen aus: Christina Mülling, Sigmunda May, *Spurensuche: Mit Franziskus die Melodie Gottes erlauschen. Ein geistlicher Begleiter zu den franziskanischen Stätten,* © Dietrich-Coelde-Verlag, Werl 1999.

7 Zur Vertiefung: Angela Weinhold, *Wieso? Weshalb? Warum? Unsere Religionen,* © Ravensburger Buchverlag, Ravensburg 2008.

8 Der Textabschnitt zu den Heiligengebeten ist leicht verändert entnommen aus: Albert Biesinger, Julia Münch, Friedrich Schweitzer, *Glaubwürdig unterrichten. Biographie – Glaube – Unterricht,* © Verlag Herder, Freiburg i. Br. 2008.

9 Jutta Bauer, *Opas Engel,* © Carlsen Verlag GmbH, Hamburg 2001.

10 Die Abbildung ist entnommen aus: Jutta Bauer, *Opas Engel,* © Carlsen Verlag GmbH, Hamburg 2001.

11 Petra Hinderer / Martina Kroth, *Kinder bei Tod und Trauer begleiten,* © Ökotopia Verlag, Münster [2]2005, 34.

12 Margit Franz, *Tabuthema Trauerarbeit. Erzieherinnen begleiten Kinder bei Abschied, Verlust und Tod,* © Don Bosco Verlag, München 2009.

13 © Erzbischöfliches Ordinariat Bamberg.

14 Antoinette Becker, *Großmama stirbt,* aus: Hermann Garritzmann u.a. (Hrsg.), *Durch das Jahr – durch das Leben, Hausbuch der christlichen Familie,* © Verlag Kösel, München [2]2000, 188.

15 Roland Breitenbach, aus: Rita Schmidt-Hewing, Anna Miggelbrink (Hrsg.), *Ich bin die Auferstehung und das Leben. Das Totengebet in der Gemeinde,* © Verlag Herder, Freiburg i. Br. 2009.

16 Vgl. M. Franz, a.a.O., 56ff.

17 Vgl. Petra Hinderer / Martina Kroth, *Kinder bei Tod und Trauer begleiten,* © Ökotopia Verlag, Münster ²2005 (14f.).

18 Vgl. ebd.

19 Huub Oosterhuis, *Du bist der Atem und die Glut. Gesammelte Meditationen und Gebete,* © Verlag Herder, Freiburg i. Br. 1994.

Bildnachweis

© photocase.com (9 kallejipp; 10 risiers; 23 johannawittig; 36 johannawittig; 54 nailiaschwarz; 66 birdy's; 91 johannawittig; 92 johannawittig; 105 birdy's; 117 jaho92; 125 nicolasberlin; 134 jaho92; 153 daniel.schoenen; 182 designritter; 192 daniel.schoenen; 201 nailiaschwarz; 212 Rohdihno)
© shutterstock.com (237)
© Stefan Weigand (2/3, 6, 83, 143, 171, 172, 227)
Die Illustrationen auf S. 65, 72–74 und 81 stammen von Rolf Bunse.

www.herder.de

Umschlaggestaltung: Guter Punkt, München
Umschlagfoto: © Getty Images
Bildredaktion: Stefan Weigand
Satz und Innengestaltung: post scriptum,
Emmendingen/Hinterzarten
Herstellung: fgb · freiburger graphische betriebe
www.fgb.de

Gedruckt auf umweltfreundlichem,
chlorfrei gebleichtem Papier
Printed in Germany

ISBN 978-3-451-32672-1